Collection « Grandes Fictions »

HANNAH
ET LES DERNIERS OTTOMANS

DU MÊME AUTEUR

Mon enfant, ma mère, Stock, 1974
(Rééd. Ramsay Poche, 2006
Téléfilm, 1980)

Le Mariage de Lucie Enriquez, Pauvert,
1978

Les Belles de Tunis, Le Seuil, 1983
(Rééd. Le Rocher, 2004)

Madame Fortunée, Le Seuil, 1984

L'Orientale, Le Seuil, 1985
(Rééd. Le Rocher, 2005)

La Passagère sans étoile, Le Seuil, 1989
Prix Barthou de l'Académie française
(Rééd. Le Rocher, 2006)

Rose d'Alger, Fayard, 1991

Le Palais de la Neva, Fayard, 1993

Perla de Mogador, Ramsay, 1997

La Maison aux mirages, Le Rocher, 2000

Deux Femmes à Paris, Ramsay, [1998],
2000
(Téléfilm, 2000)

Villa Week-end, Lattès, 2003

Une terrasse sur le Nil, Ramsay, 2004

Nine Moati

HANNAH
ET LES DERNIERS OTTOMANS

Roman

Ramsay

Personnages réels et de fiction, déjà apparus dans d'autres ouvrages de l'auteur, s'entrecroisent dans *Hannah et les derniers Ottomans*, roman de pure imagination.

Je tiens à remercier tous ceux qui, d'une manière ou d'une autre, m'ont aidée à écrire *Hannah et les derniers Ottomans*. De nombreuses lectures m'ont motivée, dont la thèse du docteur Gilles Boulu sur *Les Caïds Scemama*, *Le Dernier des Camondo* de Pierre Assouline, *L'Enfant du Bosphore* de Caroline Bongrand, l'*Histoire des Juifs de Turquie* d'Avram Galante, l'*Histoire des Juifs sépharades* d'Esther Benbassa et Aron Rodrigue, les *Trésors de la table juive* de Martine Yana. Enfin et bien sûr, *Les Camondo ou l'éclipse d'une fortune* de Nora Şeni et Sophie Le Tarnec.

Merci également à Cristina Avanzoni, mon amie de Livourne, au Centre Alberto-Benveniste pour la culture et les études sépharades, à Antoine-Emmanuel Strobel, et à l'Alliance israélite universelle, à son directeur Jean-Claude Kuperminc et à la gardienne de sa bibliothèque, Rose Levyne.

Merci à tous mes amis, notamment à Raja Mahendran, Annabella Macedo, Nicole Chaltiel, Lynne Thornton, Jacqueline Bismuth, Jacqueline Demornex, Giuliana Moreno, Françoise Seligmann, ainsi qu'à Lucette Valensi, pour sa relecture si attentive, et, bien sûr, à François Cariès.

Merci enfin à toute l'équipe des éditions Ramsay.

N. M.

À mes petits-fils,
Adrien Lévy-Cariès,
Élie Collin-Cariès,
Raphaël Lévy-Cariès,
et à tous les autres
que j'aime également.

N. M.

L'antique douleur du peuple qui n'a pas de patrie,
la douleur sans espoir de l'exode que chaque siècle renouvelle.

PRIMO LEVI

Première partie

Istanbul, Livourne et Paris, au XIXe siècle

Istanbul, vers 1810

Ces deux-là s'aimaient, c'était évident pour tous et surtout pour leurs parents qui, depuis des années déjà, avaient projeté leur mariage, allant jusqu'à compter la plus petite cuiller en or de la dot de Clara, contempler la finesse de la broderie des draps ou juger de la valeur d'Abraham comme futur époux ou vis-à-vis de sa communauté.

Cette union si parfaite, longtemps programmée à l'avance, leur échappait puisqu'elle aurait pu aussi bien se passer d'eux ! Fait exceptionnel en ce début du XIXe siècle à Istanbul, Clara Levy, âgée d'à peine treize ans, épousait donc par amour le beau, le richissime Abraham de Camondo de dix ans son aîné. Leurs familles étaient stupéfaites de ce qu'elles voyaient, de cette étincelle, de ce rayonnement qui s'était emparé des jeunes gens.

Des palais princiers du Bosphore aux synagogues de Kuzguncuk, des *yalis* de la Corne d'Or aux minarets illuminés, dans chaque cour, dans chaque escalier, les vieux, les jeunes, les femmes surtout ne parlaient que de ce tour du destin pour une fois réussi : Abraham de Camondo et Clara Levy faisaient bel et bien un mariage d'amour !

Leur sentiment était né deux mois avant les noces, quand avaient débuté, selon la tradition, les festivités. Après avoir bien respecté les *ketoubot*, c'est-à-dire les contrats de mariage dont les négociations grandissaient encore leur prestige, la famille Camondo put enfin être officiellement présentée à celle de la fiancée, au cours de la cérémonie de l'Anevasi. Depuis des jours et des jours, la mère de Clara avait préparé pour cet instant crucial de nombreuses friandises, telles que confitures de coings et de pétales de roses, qu'elle fit servir dans des cuillers en argent... Les parents, en buvant leur café et en échangeant quelques banalités sur leurs enfants, firent, comme il se devait, semblant de se plaire et d'être en tout point satisfaits de leur choix. C'était dit, la demande en mariage d'Abraham était acceptée ! Le promis s'engageait par ailleurs, comme l'exigeait la coutume, à offrir à sa future épouse de nouvelles toilettes à Pessah et à Roch ha-Shana.

Vint enfin le moment de la première rencontre des fiancés, qui se déroulait en public. Alors que, en de telles circonstances, la plupart des jeunes gens se montraient très intimidés, Clara et Abraham se fixèrent un moment puis, dans un même mouvement, s'élancèrent l'un vers l'autre. Elle, si petite et si menue, lui semblable à un géant barbu, ils paraissaient être les héros d'un conte de fées que l'on aurait pu intituler *La Poupée et l'ogre*. Leurs paumes se touchaient, leurs yeux ne se lâchaient plus, leurs peaux se reconnaissaient... L'homme fixa l'émouvant visage de sa fiancée, mangé par de grands yeux noirs et pas plus large que sa main. Il la souleva de terre – Dieu qu'elle était légère – et la fit tournoyer au-dessus de lui, jusqu'à ce qu'elle puisse toucher les pampilles de verre du lustre de Venise. Elle s'amusait, telle une gamine, avec la verroterie, voulait-elle les arracher pour en faire, que sais-je, des colliers de sultane ou des garnitures de caftan ? En riant, ils relevèrent leurs caftans et leurs bijoux en or tintinnabulant sur leurs poitrines, ils se précipitèrent dans les rues pentues de Galata en criant aux passants ébahis : « Clara ! Abraham ! »

L'ivresse des fiançailles passée, Abraham fut submergé de craintes : pourrait-il oublier les caresses de Luisa, sa maîtresse, auprès de l'adolescente qui serait bientôt sa femme ? Saurait-il la rendre heureuse, fonder avec elle, ainsi que le désiraient ses parents, une famille ou même une dynastie ?

Abraham se croyait jusqu'alors peu fait pour le mariage. Il avait mené une vie de célibataire avec cette aisance que donnent la fortune et une bonne naissance. Avec quelques amis, il hantait en joyeuse compagnie et jusqu'aux petites heures de l'aube les tavernes des bas quartiers de Galata. Il ne se décidait à rentrer chez lui que lorsque les milliers de minarets du Bosphore étaient caressés par le soleil.

Comme tout jeune homme de sa caste, il avait eu maintes maîtresses : soubrettes des consulats étrangers, esclaves échappées de quelque harem ou, plus fréquemment, danseuses de revues européennes, fort prisées à Istanbul.

Mais, voilà que quelques mois avant ses fiançailles, il avait connu dans sa chair et dans sa peau, le vertige des sens. Ce vertige s'incarnait en une certaine Luisa Spongi, cantatrice italienne qui se produisait à l'opéra. Déclarer à Abraham que celle qui était vite devenue sa maîtresse attitrée était belle l'aurait rendu fou car Luisa, à ses yeux, était plus que belle, elle était sublime, gracieuse, spirituelle, bref, il la parait de toutes les grâces et de toutes les séductions possibles. Amant comblé, il ne savait pas encore, à son âge, faire la part entre la réalité et les mirages d'un aveuglant désir. Il faut dire que la Luisa en question savait apparaître aux yeux de chacun de ses nombreux amants telle qu'ils souhaitaient qu'elle fût. Fine mouche, elle avait compris qu'avec Abraham, elle devait être soumise, mais attentive, intelligente, mais discrète, voluptueuse, mais pas lascive. Elle possédait à merveille l'art de séduire, hérité sans doute de sa mère, une courtisane réputée du royaume de Naples. Abraham, tombé trop jeune dans ses filets, se laissa donc manipuler sans résistance. Il raffolait de ses caresses et de ses mots doux, inspirés, croyait-il, par la passion, et surtout sa manière si personnelle de le convaincre qu'aucun homme ne l'avait comblée avant lui.

Fier comme un coq de ses succès faciles, Abraham de Camondo installa sa maîtresse dans une maison sur les hauteurs de Péra, où il la visitait dès le soir tombé. Des poches de son caftan brodé d'or, Luisa extirpait billets, pièces et autres pierres précieuses. L'habile cantatrice savait recevoir son seigneur : chambres et salons étaient tapissés de zibeline, cette fourrure dont raffolaient les riches Turcs, et ses suivantes marchaient pieds nus sur des tapis de soie brodés à la main. Auprès de Luisa, Abraham était heureux comme un sultan, ne voulant surtout pas songer à l'avenir ou envisager un lendemain sans sa maîtresse, ce qui lui aurait semblé le plus grand des malheurs.

Depuis que les frasques de leur rejeton étaient parvenues jusqu'à leurs oreilles, les parents d'Abraham étaient inquiets.

Et si cette bonne à rien d'Italienne, cette cantatrice au passé scandaleux, cette *putana*, réussissait à se faire épouser par leur fils chéri, le parti le plus recherché de l'Empire ottoman, le plus beau garçon, le plus gentil, le plus intelligent, le plus riche ? Non, cela n'était pas possible et, pour couper court à tout danger, il fallait agir. Ils se rappelèrent alors cet accord conclu voici déjà une dizaine d'années avec la famille Levy. Oui, Abraham devait vite devenir l'époux de la jeune Clara. Mais comment le faire comprendre à leur fils sans le heurter ? Madame de Camondo eut une idée comme seules les mères savent quelquefois en avoir. Elle avait à son service une ancienne esclave, offerte par son père à l'occasion de son propre mariage, à qui elle exposa son plan. Cette femme, appelée Sepha, avait ses entrées au palais de Topkapi où son oncle, un vieil eunuque, s'occupait d'un important vizir. Sepha sut circonvenir son parent : elle lui expliqua que son maître pouvait avoir, s'il le désirait, ses mille et une nuits comblées par Luisa, dont les charmes égalaient ceux de la légendaire Schéhérazade. Le dignitaire, portant sa coiffe de satin bariolé en forme de potiron, se rendit à l'opéra, vit la Napolitaine, en devint fou et la souffla aussitôt au jeune Camondo.

Délaissé par la belle – elle partit en emportant les lambeaux de zibeline qu'elle avait arrachés aux murs –, désabusé, dégoûté même, Abraham sombra dans le désespoir pendant une longue semaine. Au septième jour, sa mère commença à lui parler d'une jeune fille racée et spirituelle dont on se colportait déjà « les bons mots » dans les grandes familles stambouliotes. Elle montrait, disait-on, un esprit brillant et original, elle avait de l'argent, on lui prédisait un grand avenir, et, ajouta madame de Camondo, en lissant la soie de sa robe sur son gros ventre :

« Si on ne fait pas vite, elle va nous échapper. On dit même qu'un Rothschild de Francfort est déjà en route pour la rencontrer. »

Ainsi mis en condition, Abraham consentit donc à rencontrer sa promise.

Durant la période des fiançailles, les femmes et les jeunes filles de la société se retrouvaient les après-midi dans la belle demeure des parents de Clara, où madame Levy accueillait chaque invitée, selon la tradition judéo-espagnole, avec une cuillerée de *dulces*, en général de la confiture de roses, et un verre d'eau. L'assistance, qui exhalait un lourd parfum, s'asseyait sur des bancs recouverts de brocart damassé. Dame ou demoiselle, chacune racontait alors son expérience avec les hommes, leur seul vrai sujet de conversation. On colportait bien sûr les derniers scandales – la fille du consul d'Italie avait fait *carozzella* avec un docker des quais de Galata –, on échangeait aussi de nouvelles recettes de *fritadas*, mais on revenait vite aux hommes : frères, maris, pères, cousins, tous étaient détaillés et passés en revue par la gent féminine.

Clara, dotée d'une finesse peu commune à son âge, délaissait ses amies pour se retrouver, comme par hasard, entourée de femmes mariées. Elle captait leur sagesse, leurs conseils, s'imprégnait de leur expérience, et lorsque l'assemblée se taisait un instant, absorbée par le passage de la *tavla*, le plateau de confitures d'oranges, de roses, d'abricots, de coings et autres, elle contemplait la bague que venait de lui offrir Abraham. L'anneau, surmonté d'un chaton sculpté en forme de maison, représentait, ainsi qu'il le lui avait murmuré, leur futur foyer. Il lui envoyait chaque jour bijoux italiens ou soieries de Damas auxquels il joignait, à l'intention de ses futurs beaux-parents, cinq pains de sucre pour conjurer le mauvais œil.

La jeune fille avait eu vent de la liaison d'Abraham avec la belle Luisa en écoutant ses amies papoter. Avec circonspection, elle ne lui en avait pas fait le reproche, songeant même que son expérience à lui lui donnerait à elle bien du plaisir ! Elle rêvait ainsi, au milieu du brouhaha des femmes, aux fines mains d'Abraham caressant son visage, à ses lèvres pleines posées sur les siennes. Leur avenir, elle le voyait passionné et flamboyant, leur couple entouré d'enfants et de parents, dans un palais sur le Bosphore, ou se rendant, main dans la main, à une réception des légations étrangères, ou encore à Paris.

Pendant qu'Abraham, en homme avisé, vérifiait le versement de la dot de sa bien-aimée à la banque familiale, Clara s'activait à la préparation de son trousseau qui devait être exposé durant la semaine précédant le mariage, au cours de la cérémonie de la *amostrar ashougar*. Avec zèle, elle s'appliquait à respecter toutes les traditions de sa société. Ainsi tissa-t-elle de ses propres mains un taleth, le châle de prière sous lequel son futur époux pourrait bénir leur famille, et elle broda une pochette de couleur crème pour le ranger.

Clara Levy était prête quand le jour de la *noche de la novia*, autrement dit de la Hennah, arriva enfin. Vêtue de la tenue offerte par sa belle-mère, elle sacrifia au rite et passa de maison amie en maison amie où, chaque fois, on lui offrait gâteaux et douceurs. Les plus beaux présents l'attendaient pourtant à son retour chez elle, c'était ceux offerts par la famille Camondo.

Émue, sa main dans celle d'Abraham, elle s'extasia sur chacun des objets posés sur un plateau rond. Elle adorait la paire de mules en argent massif qui symbolisait le passage du seuil de son futur foyer, les pendants d'oreilles en vermeil et diamants, les sept paires de chaussures et les sept bracelets en or qui auguraient du bonheur pour chaque jour de la semaine. Elle humait les pétales de roses, grignotait des dragées. Les fiancés s'assirent ensuite sur de hauts fauteuils et dans un silence inhabituel, la mère d'Abraham prit la petite main de sa bru pour étaler sur sa paume la pâte de henné qu'elle avait spécialement préparée. Elle y déposa un louis d'or qu'elle fixa au moyen d'un morceau du voile qui envelopperait la jeune mariée dans une semaine exactement. Abraham sacrifia lui aussi au rite, ainsi que tous les jeunes gens présents en âge de se marier.

Au milieu des youyous et de la musique, Clara offrit, ainsi qu'elle le devait, une montre à son fiancé. Dans sept jours, elle serait la belle, la richissime madame Abraham de Camondo, enviée de toutes, et surtout célébrée et aimée par son mari.

Il neigeait sur Istanbul ce jour-là. Le Bosphore ressemblait à un lac gelé. Les bateaux étaient désertés par leurs marins et les milliers de minarets étaient alourdis par la glace. Les rares passants secouaient leurs épaules pour se dégager de la neige et faisaient surtout attention à ne pas glisser sur les rues pentues et givrées.

Au matin de son mariage, Clara, accompagnée des femmes de sa famille, se livra à la cérémonie du bain rituel, le *mikvé*. Selon la coutume, une préposée lui coupa les ongles et la dépouilla de tous ses vêtements et bijoux. Entièrement nue,

Clara s'immergea sept fois dans le bassin de la synagogue en écartant bien ses doigts, pour purifier son corps et son esprit avant de devenir madame de Camondo. Nimbée par la vapeur du bain qui sentait le musc et l'encens, belle et propre, grelottante aussi, elle se jeta dans les bras de sa mère qui la frictionna avec un parfum de rose. Devinant une légère appréhension dans ces gestes maternels, elle murmura pour la rassurer : « Maman, ne t'inquiète pas, je saurai donner des fils à mon bel époux, je saurai fonder avec lui une dynastie. » Elle cachait ainsi sa propre inquiétude, tapie au fond d'elle-même, pour ne pas perdre son courage : saurait-elle, inexpérimentée comme elle l'était, retenir son promis, habitué aux caresses de la belle Luisa qui avait conquis sultans et vizirs ?

Dans son palais familial, quelques heures plus tard, Abraham attendait Clara sous la *houppa*, le dais nuptial. Quand il la vit apparaître, toute menue, la tête surmontée d'un hennin d'où partait un voile en tulle, son long caftan bordé de zibeline et des coussinets de soie posés sur son estomac, il sut qu'elle serait sa femme pour la vie et il réprima son envie de la faire tournoyer au-dessus de sa tête. Ému plus qu'il ne voulait le laisser paraître, il redressa son calot et serra sur lui, comme s'il avait froid, son manteau noir aux larges manches.

Ils se dirent oui en se fixant dans les yeux, Abraham cassa de son talon droit le verre rituel, en souvenir de la destruction du temple de Jérusalem, et c'est ainsi que naquit en Turquie l'une des plus belles histoires d'amour du XIXe siècle.

Livourne, en 1895

Très longtemps après cette belle noce, une autre famille séfarade vivait dans le bonheur, à Livourne, en Italie. Ce couple était formé par une jeune fille, Hannah, et son père, le caïd duc Nessim Scemama.

Écouter le vieil homme lui raconter sa vie ou inventer des histoires rocambolesques dont il était le héros était pour Hannah un vrai régal. Elle n'avait pas connu sa mère, une Tunisienne dont le bon sens et le franc-parler n'avaient eu d'égal que la gentillesse. La brave femme – elle s'appelait Taïta – était réputée stérile quand elle se retrouva enceinte à plus de quarante ans. Le miracle provenait d'une fête donnée pour célébrer le titre de duc que le roi Victor-Emmanuel II venait d'octroyer à Nessim. À la joie et à l'émotion partagée, succédèrent de fructueux ébats…

À l'annonce de la merveilleuse nouvelle, Nessim, fou de bonheur, ordonna à son épouse de se ménager et il sortit parcourir les ruelles de Livourne, ville très juive à l'époque, pour crier sa joie et distribuer des aumônes aux plus démunis, ô combien nombreux !

L'allégresse céda la place à l'inquiétude quelques mois plus tard, quand vint l'heure de la délivrance : la pauvre Taïta souffrit des heures et des heures. La sage-femme n'arrivait pas à sortir le bébé de ce ventre si énorme et, sans doute exaspérée par les cris de la parturiente, elle alla chercher à mains nues l'enfant lové dans ses entrailles. Elle réussit à le saisir par un pied, tira fort dessus et extirpa une petite fille. Taïta, malgré tous les soins dont elle fut entourée, ne put survivre aux complications de l'accouchement ! Elle avait pu donner une descendance à Nessim, et elle s'éteignit heureuse en serrant le bébé entre ses bras… Son mari pleurait sa disparition et souriait en même temps, constatant une fois de plus avec la sagesse que donne l'âge les rapports qui se tissaient entre la mort et la vie.

Il prodigua à la petite Hannah toute l'affection et les soins dont elle avait besoin et engagea pour l'allaiter une brave Livournaise, Preciosa qui, de son rôle de nourrice passa à celui de gouvernante. Elle éleva Hannah avec autant de tendresse et d'attention qu'elle en accordait à son propre fils, Nephtali.

Les deux enfants grandirent donc comme frère et sœur. Ils partageaient les jeux de cache-cache organisés dans le jardin familial, ils mangeaient dans la même cocotte les restes des boulettes du vendredi, ils se cachaient sous la table dès que Nessim recevait des notables… Des jeux d'enfants heureux.

Devenue adolescente, Hannah perdit malheureusement toute la grâce et les rondeurs qu'elle avait pu avoir. Maigrichonne, elle ressemblait maintenant à un oiseau de proie avec ses membres trop longs, trop maigres, son visage aux traits trop accusés, aux yeux rapprochés, et son teint olivâtre. Née par le pied, elle avait gardé une légère claudication, ce qui faisait dire aux méchantes gens qu'elle boitait purement et simplement. Mais son intelligence – trop vive au gré de certains hommes qu'elle effrayait – et le charme de sa conversation faisaient oublier son aspect, surtout à Nessim, son père.

Elle l'éblouissait, il lui trouvait toutes les vertus de la terre, et même de la beauté, ce dont elle était pourtant privée. Hannah possédait, il est vrai, le don précieux et rare, accordé à certaines femmes, de faire régner chez elle une atmosphère sereine et chaleureuse, qui enveloppait ainsi le somptueux palais que Nessim avait fait construire à Livourne dès son arrivée de Tunis.

Dès qu'elle entendait le carrosse de son père, conduit par le cocher Giuseppe, qui claquait de la langue pour faire avancer le vieux cheval, Hannah se précipitait dehors... Elle s'enveloppait dans un châle de Gênes, à impression cachemire, et courait. Elle était chaque fois émue par la splendeur des couchers de soleil sur la mer Méditerranée, par ces couleurs mauve et rose, automnales, qui se répandaient au-delà de l'île Gorgone, cet îlot de terre rocailleuse au profil presque humain qui l'impressionnait toujours.

Elle aidait son père à descendre de la voiture et l'entraînait dans le salon où brûlait un feu de cheminée qui sentait bon l'écorce d'orange et le musc. Hannah aimait son père avec sa barbe blanche et la vivacité de ses yeux restés très noirs. Des yeux qui semblaient toujours retenir un fou rire, des yeux qui s'amusaient du monde et sans doute de lui-même. Malgré ses soixante ans passés, le caïd duc Nessim passait encore ses journées sur les docks où il surveillait le chargement, les entrées et les sorties de ses bateaux, de sa « flotte » comme il disait. À son arrivée, Hannah l'installait confortablement dans son fauteuil préféré, lui tendait un verre de citronnade avec une branche de menthe *nana* et le pressait de parler.

« Raconte-moi encore, mon père adoré, raconte-moi d'abord ta naissance. »

Le vieil homme ventripotent, sanglé dans sa veste bardée de décorations – la Légion d'honneur remise à Paris par Napoléon III, le Nicham Iftikhar, orné de diamants, décerné par son ami le bey de Tunis, et d'autres grandes distinctions accordées par le roi Victor-Emmanuel II –, caressait alors la longue chevelure noire et raide de son unique fille.

« Lumière de mes yeux, n'oublie jamais que tu appartiens à une très ancienne lignée. Les Scemama en Tunisie, c'est comme si tu disais les Médicis en Italie. (Hannah riait sous cape, mais elle laissait son père s'exprimer.) Oui, oui, nous sommes d'une famille très chic, installée dès le XIe siècle à Tunis. Peut-être y a-t-il juste avant nous les Bessis ? Et encore, je n'en suis pas sûr. Nous avons joui, dès la fin du XVIe siècle, de la protection des beys de la Régence, puisque le pays était passé sous domination ottomane. Plusieurs Scemama ont été caïds, c'est-à-dire des chefs, des hauts fonctionnaires. Moi-même, il y a quelque trente ans, j'étais au faîte de ma gloire là-bas, de l'autre côté de la Méditerranée. Tu le sais, j'ai été l'équivalent de ministre des Finances de mon cher bey Mohammed es Saddok, et caïd des Israélites. »

L'orateur se rengorgeait, ses mains tremblaient d'excitation. Il se pencha vers l'adolescente et lui murmura au creux de l'oreille :

« Ne le répète à personne, mais c'est grâce à moi, à mon influence auprès de ma communauté, à mes relations avec Napoléon et Eugénie…

– Oui ? Elle chuchotait également, faisant mine de découvrir cette histoire qu'elle savait par cœur.

– … que la France, ni une, ni deux, a pu s'installer en Tunisie, à la grande fureur de l'Italie et de l'Angleterre. Quant aux circonstances de mon départ de Tunisie, tu les connais ! »

Le vieillard ferma les yeux avec force pour apitoyer sa fille, au comble de la joie.

« Tu les connais ! répéta-t-il avec fougue, comme pour s'en persuader lui-même. »

Hannah n'avait rien appris sur ce sujet de la bouche de son père, mais en glanant quelques rumeurs, en faisant certains recoupements, elle en avait conclu que ses parents s'étaient purement et simplement enfuis de Tunisie à la suite d'émeutes de la population, en emportant toute, oui, toute la caisse de la Régence ! Pour couvrir leur fuite, il avait chargé certains fidèles de faire courir le bruit à Tunis qu'il était mort ! Mais l'adolescente aimait tant son père, sa seule famille, qu'elle voulait le ménager et surtout ne pas le peiner en le forçant à raconter cet épisode. Après tout, à son âge, il avait le droit d'enjoliver le passé à sa guise et de se donner toujours le beau rôle. N'échafaudait-il pas tous ces mensonges uniquement pour elle, pour lui plaire, pour lui offrir l'image d'un père héroïque et réellement important ? Un vrai personnage de roman. Elle posa sa tête sur ses genoux. Dehors, le vent soufflait fort, comme souvent sur cette côte méditerranéenne. Le feu qui brûlait dans la cheminée répandait dans la maison un délicieux parfum d'Orient. Son père était vivant, c'était l'essentiel…

Hannah et les derniers Ottomans

« Mais, trésor de ma vie, il y a une famille dans notre communauté séfarade qui m'a toujours fait de l'ombre, toujours, par son faste, par son éducation, par sa richesse : c'est la famille Camondo ! »

Istanbul 1828-1830

Abraham et sa Clara furent heureux dans leur union et ne cessèrent jamais de s'aimer. Lui, homme sage et avisé, parlait à son épouse comme à lui-même, elle était son double, son miroir, et il suivait scrupuleusement ses conseils. Rien ne semblait pouvoir entamer leur idylle, pas même la déception d'une maigre descendance. Malgré leurs efforts – « Quelle horrible expression ! », pensait la jeune Turque à l'évocation de leurs nuits torrides –, ils ne purent avoir qu'un seul enfant, un fils fort heureusement : Raphaël, né en 1810.

Le couple entourait son héritier d'une tendre affection, mais Clara savait que toutes les dynasties dignes de ce nom avaient au moins cinq garçons. Et lui, son cher mari, n'en avait engendré qu'un seul, c'était vraiment triste ! D'autant plus que, quelques décennies plus tôt, Meyer Amschel Rothschild avait eu, lui, cinq garçons, les cinq descendants réglementaires ! Cet Amschel ! Sa fierté ! Ses cinq fils faisaient de lui le roi du monde, le souverain de l'empire le plus puissant de la planète : la famille. Avec Anselme, Salomon, Nathan, Karl et James, son patronyme traverserait les siècles. Les Rothschild, Abraham avait en permanence les yeux rivés sur leurs faits et gestes : les imiter, les dépasser même en notoriété semblait être le but de son existence… Tout comme Nessim Scemama enragera un jour de ne pouvoir surpasser ce diable d'Abraham de Camondo. Vivant à des époques et dans des pays différents, chacun de ces Puissants semblait fasciné par la réussite d'un autre. Abraham de Camondo se sentait presque à l'étroit à Istanbul, alors que la renommée des Rothschild se répandait dans toute l'Europe et au-delà des mers ! Il faut dire que ce Meyer-Amschel, le fondateur de la dynastie, avait su placer ses cinq fils dans toutes les capitales importantes de l'Europe. Si Anselme, l'aîné, était resté à Francfort, Salomon régnait à Vienne, Nathan à Londres, Karl à Naples et James à Paris.

Certes, on surnommait Abraham « le Rothschild de l'Orient », et il aurait dû s'en contenter, mais ce « de l'Orient » lui déplaisait. D'autant plus qu'il avait appris que sur la place de Londres, on appelait également « Rothschild de l'Orient » les Sassoon de Bagdad et de Bombay ! Bref, tout cela l'agaçait au plus haut point. En outre, Raphaël, son fils adoré, ne semblait pas avoir une carrure suffisante pour lui succéder : effacé et peu loquace, il paraissait terne, même aux yeux de la société stambouliote de l'époque ! Il fallait donc, pensait Abraham, que Raphaël assurât sa descendance ! Clara saurait lui trouver une femme jeune et sans histoires qui aurait le bon goût de lui donner des fils, oui, uniquement des fils, afin que le nom de Camondo rayonne dans le monde entier, et surtout à Paris où Abraham rêvait de s'installer.

Clara, qui soutenait les ambitions de son mari, lui reprochait parfois son intransigeance vis-à-vis de leur fils unique qui n'avait pas, c'était évident, une once de génie ou simplement d'intelligence. Drapée dans une longue robe bariolée et serrée sous la poitrine, couverte de bijoux, des bagues à chaque doigt, elle exprimait son chagrin : « Tu as un fils gentil et tu le traites comme un étranger parce qu'il n'a pas ta flamme ! C'est une honte, et Dieu te punira dans ta descendance. Tu l'auras bien mérité ! » Elle se reprochait aussitôt sa méchanceté, mais Abraham restait pour elle le dieu qu'elle avait aimé dès le premier jour et elle ne supportait pas qu'il eût des faiblesses et commît des erreurs.

Abraham préférait alors s'esquiver et partait pour ses bureaux à Péra, impressionné, presque effrayé par les prophéties de sa femme. Quant à Clara, elle se tournait vers Gioïa, son amie de toujours et sa confidente :

« Gioïa, ma chérie, il faut vite trouver une épouse à mon Raphaël. Je suis sûre qu'il saura, bon comme il est – c'est un loukoum, mon fils – donner vite des petits-fils à mon imbécile de mari. »

La grand-mère de Gioïa avait longtemps été une des pourvoyeuses de sultanes et d'esclaves du harem de Topkapi, pour la plupart des étrangères, souvent des Circassiennes à la peau blanche et laiteuse, qui poussaient des cris de joie à son arrivée. C'était elle, en effet, qui apportait à ces recluses en leur palais, les plus beaux bijoux du Grand Bazaar, qui leur dénichait les pierres les plus chatoyantes d'Asie, les parfums d'Orient les plus ensorcelants. Dans l'intimité du sérail, elle prêtait également son oreille aux doléances de ces femmes rongées par l'ennui. Gioïa, sa petite-fille, jouait maintenant le même rôle auprès de Clara qui était, elle aussi, une des personnes les plus puissantes d'Istanbul.

Clara et Gioïa sortaient souvent sans escorte, dans un carosse anonyme, vêtues sobrement comme des bourgeoises de Galata, pour se perdre dans le Grand Bazaar illuminé de tous ses ors, qui ne brillaient que le jour, ses dix-huit portes étant closes la nuit sur leurs richesses fabuleuses. S'égarant parfois dans le labyrinthe de ruelles, prenant pour repères une fontaine, un marchand de parfums ou une mosquée, elles arrivaient enfin à leur but, essayaient bracelets et mules, coiffes ou bagues serties d'éclats de diamant… Mais ce jour-là, elles avaient une mission à accomplir : elles devaient trouver une fiancée pour Raphaël. Gioïa entraîna une Clara un peu effarouchée vers un bas quartier de Péra et elles pénétrèrent dans un immeuble sombre qui sentait le chou. Elles rencontrèrent là, dans une pièce unique et peu éclairée, une matrone si imposante que son fauteuil peinait à contenir son séant. Clara avait pris la précaution de se voiler et Gioïa parla à sa place à l'entremetteuse juive.

« Tu veux une jeune fille gentille et de bonne famille ? C'est ça ? Tu te fiches de la dot ? J'ai ! »

Elle extirpa une cigarette d'entre ses seins énormes et ferma ses yeux soulignés de khôl. À chacun de ses gestes, s'exhalait un puissant parfum de tubéreuses.

« J'ai ! j'ai ! cria-t-elle presque de joie.

– Qui, osa enfin demander Clara pleine d'espoir. Qui ?

– Ton garçon est gentil ? Alors, il doit épouser une crème que j'ai ! Un vrai bonbon… aussi douce que ta confiture de roses… »

Gioïa et Clara se regardèrent stupéfaites : non seulement cette femme était marieuse mais en plus, elle devinait jusqu'aux spécialités de ses clientes.

« Voilà, il faut que ton fils épouse la fille Fua… Esther Fua… On l'appelle Fanny, et sa mère est une Trèves. Très bonne famille. Comme vous, venue du Portugal. Vous ne pourrez pas trouver mieux, et elle vous donnera de nombreux petits-fils. Elle a des hanches… des hanches très très larges ! »

Ses bras enveloppèrent son bassin puis s'écartèrent pour montrer à quel point le ventre de la jeune fille à vendre était prometteur. Clara fit donc oui de la tête. C'est ainsi que fut conclu, dans une officine qui sentait le chou, le mariage de Raphaël de Camondo.

La jeune Fanny, fraîchement épousée, répondit aux attentes du clan Camondo puisqu'elle mit au monde en 1829 un fils à qui on donna le prénom de Bohor-Abraham. Très vite, bien sûr, tout le monde l'appela Bohor. Durant sa grossesse, Fanny avait eu droit à tous les égards : elle descendait à peine de son lit, posait rarement le pied à terre et, chaque soir, ses parents, ses beaux-parents et Raphaël se retrouvaient au chevet de son lit à baldaquin pour assister à son dîner. Celui-ci était composé uniquement de mets fortifiants et donc rares : pigeon désossé et surtout caviar gris de la mer Noire, telle était la base de son alimentation et elle terminait ses repas en ingurgitant une quantité impressionnante de loukoums à la pistache.

Au cinquième mois de sa grossesse, les femmes de la famille s'étaient réunies pour couper les chemises et les brassières du futur bébé, avant de se mettre à danser lors de la cérémonie de la *kortadura de fashadura*.

La venue au monde de Bohor fut facile, sans doute parce que l'on avait, selon la coutume, passé autour du ventre énorme de sa mère un fil, qui avait au préalable effleuré la tombe du dernier grand rabbin. Sa circoncision, sa *brit mila*, eut lieu l'après-midi du huitième jour après sa naissance, à la lueur des bougies, dans une odeur d'eau de rose.

Dire que cet enfant fut le plus gâté de l'univers serait insuffisant. Son grand-père, l'homme le plus puissant de l'Empire ottoman après le Sultan, désertait ses bureaux pour le bercer. Quant à sa grand-mère, la volontaire Clara, elle le nourrit à l'époque de son sevrage presque exclusivement de confitures de roses ! Et pas n'importe quelle confiture à la rose, s'il vous plaît ! Elle avait une recette imparable pour faire grossir les enfants, les rendre plus intelligents et encore plus beaux ! Il fallait se procurer – et c'est tellement évident qu'on se demande même pourquoi on en parle – de plantureuses roses de Kazanlik au parfum suave. Sa fidèle Gioïa allait, avec cinq jeunes filles, cueillir les fleurs à l'aube, avant qu'elles n'aient été touchées par les rayons du soleil… Clara les préparait aussitôt. En bonne grand-mère, elle appliqua le même régime à son second petit-fils, le petit Nissim, né un an après la venue au monde de Bohor.

Sa descendance assurée, Abraham le patriarche était enfin comblé ! Comme Clara, il se disait que Dieu, dans sa générosité, avait simplement sauté une génération de Camondo, c'était ainsi.

Dès l'aube, il se rendait au chevet du bébé et, furtivement, presque honteux de se montrer ainsi gâteux avec un nourrisson, il le prenait dans ses bras, il permettait à ses petits doigts indiscrets de jouer avec la grande barbe, il dansait avec lui.

Livourne, 1895

Hannah était sans conteste la plus riche héritière de Livourne, et les mères attendaient impatiemment qu'elle ait atteint un âge raisonnable pour lancer dans la course à la dot leurs impétueux rejetons. Son père, Nessim, avait accompli le chemin inverse des Juifs livournais, ces fameux Grana qui avaient quitté Livourne pour s'établir à Tunis. Certains s'y étaient établis dès la fin du XVe siècle, fuyant la péninsule Ibérique et son Inquisition. De ce bout de lande infesté de rats, offert par le roi Ludovico de Médicis, ils avaient fait le port le plus prospère de la Méditerranée, détrônant même Gênes.

À dix-neuf ans, Hannah ne pensait guère à se faire courtiser et encore moins à se marier. Elle rêvait bien sûr, comme toutes les jeunes filles, de rencontrer le grand amour, le prince charmant, mais la santé de son père, qui avait brusquement décliné, lui étreignait le cœur jour après jour. S'il venait à disparaître, comment pourrait-elle vivre seule dans cette ville et que deviendraient les affaires maritimes que Nessim avait fondées ? Seule la présence de Nephtali la réconfortait. Nessim n'avait maintenant même plus la force d'aller au port et il se tenait informé par son homme d'affaires. Il restait la plupart du temps assis sur une chaise longue, à l'abri du timide soleil hivernal, sous un palmier ; il buvait des citronnades dans lesquelles il ajoutait en cachette de la *boukha*, de l'alcool de figues de Tunisie, transporté par l'un de ses propres bateaux, le *Nessim Ier*, son préféré ; il mangeait du pain rond, trempé dans de l'huile où surnageait de la harissa, du piment rouge grillé. Hannah l'éventait et lui épongeait le front en protestant contre ces excès, absolument interdits par son médecin, le docteur Castelnuovo. Mais Nessim semblait ne plus prendre plaisir qu'à ces petits péchés et à la contemplation, des heures durant, de sa fille, dont la silhouette en longue robe de velours prune se détachait devant la mer Méditerranée dont les couleurs changeaient selon les heures de la journée. Les yeux toujours vifs et pétillant de malice, il lui prenait la main, la caressait et murmurait : « Il faut que tu saches tout, prunelle de mes yeux, que tu n'aies jamais à rougir de ton père. »

Et pour la centième fois, il lui racontait, mais Hannah ne montrait jamais une impatience qui aurait pu le froisser. Son père lui décrivait Tunis et son pouvoir là-bas.

Sa première chance, il l'avait due à un haut dignitaire tunisien, le général Benaïad, très proche du bey, souverain de cette Régence qui, depuis le XVIe siècle, relevait de l'Empire ottoman. Puis Nessim, grâce à sa faconde et à son entregent, monta en grade et sut bientôt se rendre indispensable à l'homme fort de la Tunisie, le *khaznadar*, trésorier du souverain Mohammed bey. Était-ce sous son influence ? Oui, il en était certain : aussitôt arrivé au pouvoir, Mohammed bey modifia le statut des Juifs et prit plusieurs mesures de clémence en leur faveur. Il supprima les droits de douane et les corvées et, deux ans plus tard, il promulgua le Pacte fondamental, une charte qui décrétait l'égalité devant la loi de tous les citoyens tunisiens, musulmans et non-musulmans ! Nessim s'en réjouissait, il avait été écouté par le sultan de la Sublime Porte…

À cette époque, où il croyait Taïta irrémédiablement stérile, Nessim eut en toute légalité et bonne conscience deux autres femmes. Il désirait tant fonder une dynastie, voyons ! Mais malgré ses efforts, ses nouvelles épouses, pourtant jeunes et jolies, l'ennuyaient au plus haut point, et n'était l'insistance de Taïta, il ne leur aurait jamais rendu visite. Ah ! cette adorable Taïta… Il en convenait, elle l'avait beaucoup aidé dans sa carrière car, grâce à son enjouement, elle avait vite été adoptée par les princesses beylicales. Dans les jardins ombragés par les rosiers et les jasmins, entre les paons et les gazelles qui se promenaient en liberté, Taïta rapportait à ces princesses cloîtrées, qui ne voyaient le monde qu'à travers les interstices de leur moucharabieh, tous les potins de la Hara, le quartier juif, et surtout ceux à propos des Européennes qui s'installaient dans la Régence. Tandis qu'elle les régalait avec de riches pâtisseries, elle se moquait du tour de taille des belles Italiennes : « Elles n'ont rien, pas de ventre, pas de fesses, rien… Ma parole, un souffle de zéphyr les ferait tomber ! » Et les jeunes femmes, circassiennes pour la plupart, riaient en entendant la joyeuse Taïta qui ne réussissait pas à donner un héritier à son caïd de mari.

« Je n'ai pas d'héritier, pensa Nessim en fermant les yeux, mais j'ai ma fille adorée, et si Dieu me prête vie assez longtemps, je lui arrangerais bien un mariage avec un descendant d'Abraham de Camondo. D'ailleurs, ils n'ont pas à me "snober", les Camondo ! Je suis moi aussi ottoman, et même depuis plus longtemps qu'eux puisque la Tunisie, mon cher pays, a été conquise par Soliman le Magnifique en 1535 ! Les Camondo ne peuvent en aucun cas remonter à cette date. Donc, ottoman je suis, ottoman je resterai jusqu'à ma mort. »

Pour Nessim Scemama, l'ascension des Camondo était un modèle du genre : foudroyante, elle avait jeté les bases d'une puissance solidement enracinée, qui avait résisté aux turbulences politiques. Cette réussite, si parfaite à ses yeux, avait pourtant été assombrie par des drames, des deuils douloureux.

Abraham avait en effet failli perdre la tête à la mort de son frère adoré, emporté par la peste en 1832. Isaac, le premier, était devenu *saraf*, c'est-à-dire « prêteur », ce qui lui avait permis d'amasser une fortune colossale. Meurtri comme s'il avait eu un membre amputé, Abraham, son seul héritier puisqu'Isaac n'avait pas laissé de descendance, lui avait succédé dans les affaires. Dès lors, il se réfugia dans le travail où il put, aidé par Clara, donner enfin toute la mesure de son talent de banquier.

Istanbul, 1833-1854

Grâce à l'amitié que lui accordèrent les sultans successifs, Abraham de Camondo obtint l'autorisation, exceptionnelle pour un étranger – il avait toujours la nationalité austro-hongroise – d'acquérir des biens immobiliers. En 1833, il se trouvait à la tête d'une fortune évaluée à vingt-cinq millions de dollars, fortune composée par plusieurs établissements bancaires et des immeubles de rapport édifiés dans les secteurs les plus convoités d'Istanbul ! Abraham, son épouse, son fils, sa bru et ses trois petits-enfants (la jolie Rébecca venait de naître) résidaient d'ailleurs dans ces nouveaux quartiers de Péra et de Galata, sièges des légations étrangères. Abraham suivait ainsi l'exemple de son cher sultan qui avait délaissé son joyau, le palais de Topkapi, formé d'une succession de pavillons délicats, de sérails, de kiosques ajourés, de hammams et de fontaines disséminées dans des parcs, dominant le Bosphore. Topkapi, un ensemble digne des *Mille et Une Nuits* où les sultanes – trois cents, disait-on –, pour déguster les sorbets à la pistache dont elles raffolaient, se faisaient apporter tous les jours, par des caravanes de chameaux, de la glace des hauts plateaux anatoliens. La nouvelle résidence du sultan, Dolmabahçe, c'est-à-dire le « jardin rempli », avait été bâtie dans un style rococo orientaliste, assez lourd, mais, tout comme le vieux palais, elle était située sur les rives du Bosphore.

Chaque matin, Abraham se rendait, poussé par le vent, à la banque familiale, fondée par Isaac en 1815. Coiffé de son fez et portant un caftan noir, il croisait des connaissances, Grecs, Anglais, Italiens ou Juifs. Les Juifs avaient toujours été très nombreux en Turquie, ceux expulsés en 1470 d'Europe centrale, par le roi de Bavière, avaient été rejoints, vingt-cinq ans plus tard, par ceux d'Espagne et du Portugal, chassés par Isabelle la Catholique, puis, par les Ukrainiens et les Polonais qui fuyaient les incessants pogroms. Bien assimilés dans leur nouveau pays, ces Juifs y occupaient des postes importants, tel Yakoup, le médecin officiel de Mehmet Ier. Au XVIe siècle, près de cent ans plus tard, ils avaient bénéficié de la protection de Soliman le Magnifique qui régna sur son empire aidé par une femme chère à son cœur, une Ukrainienne, prénommée Roxelane. L'influence de cette ancienne esclave née chrétienne avait même fini par éclipser celle de la mère du souverain, la Validée Sultane.

Chaque jour, Abraham, arrivé sur le quai de Galata, s'arrêtait, lui, l'homme d'affaires le plus pressé et le plus connu du Levant, pour admirer le panorama que lui offrait l'autre rive du Bosphore. Dans le soleil levant, des dômes et des minarets dorés se révélaient, surgissant de la brume, jouant avec les bateaux à vapeur qui envahissaient le fleuve.

Au milieu des années 1830 Abraham rejoignit le mouvement des Réformes, les Tanzimat. Cette charte, juste et démocratique, assurait l'égalité de tous les sujets de l'Empire ottoman, sans distinction de religion ou de nationalité.

Abraham, d'esprit progressiste et sensible aux idées qu'avait véhiculées la Révolution française, espérait que les nouvelles lois permettent aux Juifs de l'Empire ottoman de s'émanciper et, pourquoi pas, de bénéficier plus tard d'une forme de laïcité. Il encouragea donc et finança, par l'entremise de ses banques, les vizirs qui mirent en œuvre les Tanzimat, Rachid, Aali et Fuad pacha. Ces trois ministres devinrent d'ailleurs, au fil du temps, de véritables amis.

Grâce à leur appui, Abraham devint une sorte de roi à Istanbul. Presque chaque matin, il promenait sa silhouette élégante dans les quartiers de la rive européenne d'Istanbul, contemplant ce qu'il possédait ou ce qu'il convoitait. Dès son arrivée à la banque Camondo, il appelait son fondé de pouvoir et élaborait des stratégies pour se rendre acquéreur d'un terrain à Péra ou suivre la construction d'une maison à Galata.

Abraham voulait que sa ville devienne moderne, propre, accueillante pour tous les Européens qui s'y pressaient de plus en plus nombreux. Il voulait des rues plus larges, dégagées de ses portefaix et de ses ânes, assurer un éclairage nocturne, paver les chaussées, bâtir des trottoirs.

Il avait beaucoup d'ambition, Abraham, pour lui-même, les siens, son souverain et sa ville si belle, avec son Bosphore scintillant, ses dômes et ses odeurs de poisson et de pétrole, si belle qu'il en était chaque jour plus amoureux. Il l'aimait physiquement comme il avait aimé Luisa, sa maîtresse italienne. Clara, avec son intuition féminine, le raillait souvent : « Istanbul, c'est ton péché, c'est une de ces filles, une de ces Françaises qui chantent au théâtre et qui font perdre la tête aux hommes bien. » Il haussait les épaules et souriait intérieurement devant la perspicacité de son épouse. Sa fortune lui permettait heureusement d'assouvir sa passion, par ailleurs bien légitime, et avec quelques autres, il se lança dans la construction de *han*, des immeubles de bureaux.

Quelques années après le début de la rénovation, Abraham ne possédait pas moins de dix *han*, dont plusieurs abritaient des banques, notamment la I Camondo. Il était également à l'origine de la construction des escaliers qui relièrent le haut et le bas quartier de Galata, ces fameux escaliers qui s'étirent de la rue Voyvoda à la rue Kamondo. Bientôt, en grande partie grâce à Abraham de Camondo, Istanbul put rivaliser avec les grandes capitales occidentales.

Comme il se doit, le chef de famille et les siens se rendaient dès le mois de mai sur la colline de Camlica pour échapper à la canicule. Là, dans son imposante demeure de vingt-deux pièces, son *kösk*, Abraham conviait à de somptueuses réceptions ses amis vizirs et d'autres personnalités, les invitant à contempler la Corne d'Or, le Bosphore et, sur l'autre rive, l'Asie si proche.

Bien des années plus tard, lorsque leurs petits-enfants furent devenus des adultes, Abraham et sa chère Clara décidèrent enfin de vivre pour eux-mêmes. En 1854, Abraham, qui avait largement contribué au financement de la guerre de Crimée, fut, suprême honneur, désigné par la communauté austro-hongroise de Constantinople pour la représenter aux noces de l'empereur François-Joseph et d'Élisabeth. Clara passa des mois à commander son trousseau chez les meilleures couturières de la ville afin d'être digne de Sissi, ainsi qu'on surnommait familièrement la future impératrice.

Mais quand ses fameux caftans en soie bordés de zibeline arrivèrent à son palais, elle réalisa sa méprise : comment, ainsi accoutrée à l'orientale, pouvait-elle représenter dignement le nom de Camondo ? Elle ne fut pas longue à convaincre Abraham de l'accompagner à Paris pour choisir quelques toilettes chez les plus célèbres couturiers ! Abraham, depuis le jour où il avait fait tournoyer cette petite fille menue et spirituelle au-dessus de sa tête, savait qu'il ne pourrait jamais rien lui refuser.

Ils partirent tous les deux, alors qu'un soleil printanier annonçait le retour de la belle saison stambouliote, après avoir fait à leur descendance mille recommandations concernant la banque et les aumônes, mais aussi leur alimentation et la bonne façon de se vêtir, pour se prémunir du soleil ou du froid.

Frais et reposés, ils arrivèrent à Paris après plusieurs jours de voyage, en bateau jusqu'à Marseille, puis en diligence. Dès le lendemain, Clara, courageusement vêtue à l'orientale, se rendit chez Worth, le grand couturier dont elle rêvait depuis des mois. Monsieur Worth en personne la reçut. Il lui montra des modèles qui pourraient convenir à sa silhouette replète (elle avait soixante-trois printemps !), lui fit tâter des mousselines et des taffetas de soie, lui présenta des chapeaux de velours inclinés sur la tête et des aigrettes, en forme d'épis de blé argentés, semblables à celles que les grands Mamamouchis posaient sur leur coiffe ventrue, des capes et des manteaux. Enchantée par l'amabilité de l'Anglais, elle commanda donc son trousseau « impérial » avec une largesse digne d'une Camondo. Oui, Abraham serait fier d'elle à Vienne. Il était d'ailleurs encore très bel homme et de nombreuses femmes se retournaient sur son passage… Clara devait faire attention.

C'est en sortant de chez Worth, rue de la Paix, que Clara eut le sentiment profond, la conviction inéluctable que sa vie allait changer : éblouie, transfigurée, enthousiasmée, elle voyait pour la première fois la place Vendôme ! Elle, si indifférente jusqu'alors à l'architecture des lieux qu'elle visitait, cette fois, elle éprouva un véritable coup de foudre ! Elle aimait la couleur dorée des hôtels qui entouraient la place carrée avec ses pans coupés aux angles. Elle en aimait l'atmosphère, avec ces femmes élégantes qui s'y promenaient, elle en aimait jusqu'à l'odeur du macadam qui s'en dégageait.

Cette place serait sienne, elle en ferait son affaire, elle y voyait déjà ses petits-fils chéris, Bohor et Nissim, y régner en souverains absolus… Dans un grand état d'exaltation, elle raconta sa découverte à Abraham, qui, sceptique, lui répondit :

« Tu as le plus beau palais du monde à Istanbul, cela ne te suffit pas, ma belle ?

– L'un n'empêche pas l'autre, mon chéri… et, ajouta l'astucieuse femme, imagine Bohor et Nissim diriger ici, dans un hôtel de la place Vendôme, la banque I Camondo ! »

Cet argument toucha la corde sensible du patriarche : s'étendre comme les Rothschild dans le monde entier, grâce à ses petits-fils, en commençant par la plus belle ville du monde et sur sa plus belle place… Il y avait, évidemment, de quoi rêver. Il caressa longuement sa large barbe blanche et finit par admettre :

« Tu as toujours raison, ma douce colombe… C'est une bonne idée que tu as eue… Après le mariage de Sissi et de François-Joseph, je chargerai des émissaires d'y acheter quelques hôtels particuliers en notre nom. Au nom de Camondo et fils ! »

Livourne, 1895

Hannah, désemparée, voyait son père s'avancer vers la mort. Il allait la laisser seule, dans cet hiver interminable, sans personne pour la soutenir. Elle aurait tant souhaité le rassurer sur son propre avenir, mais n'en connaissait pas le moyen. Lui-même croyait-il vraiment qu'elle pourrait devenir la comtesse de Camondo ou disait-il cela uniquement pour apaiser ses angoisses paternelles ?

En fille aimante, Hannah s'efforçait de le convaincre qu'il ne devait pas se faire de souci à son sujet. Elle cherchait désespérément à s'en sortir quand, enfin, une étrange idée germa dans son esprit. Après s'être fait friser les cheveux au fer, elle mit une robe rose et alla trouver Nephtali, le compagnon de son enfance, dans la petite maison qu'il occupait dans une aile du parc. Ils se connaissaient assez pour parler sans gêne et sans préambules inutiles. Au bord des larmes, mais sur un ton presque arrogant, elle lui déclara tout à trac :

« Nephtali, mon père est en train de mourir.

–Je sais, je sais.

Et il la prit dans ses bras pour tenter de la consoler.

– Nephtali, tu dois m'épouser ! Me voir mariée serait la seule chose qui tranquilliserait mon père. »

Le jeune homme se détacha d'elle et, embarrassé, il fixa le bout de ses chaussures :

« Hannah, Hannah ma chérie, ce que tu me demandes est impossible, et tu le sais mieux que quiconque. Je t'aime mais tu es ma sœur de lait, nous ne pourrons jamais être mari et femme, comment veux-tu ? »

Il tenta en vain de la retenir, mais elle s'enfuit en courant pour retrouver son père moribond. Incapable, elle était incapable de trouver une solution pour offrir une mort paisible à son père. Devait-elle lui mentir, inventer un mariage avec Nephtali ou un autre ami d'enfance comme Carlo Finzi ? Elle savait bien, au fond d'elle-même, qu'il ne serait pas dupe et, finalement, elle décida de jouer avec lui, dans le huis clos de leur intimité, au « jeu des Camondo » : « Oui, un jour je deviendrai comtesse de Camondo, je te le promets. »

Elle arrangeait un coussin sous la tête dodelinante de son père. Elle coiffait sa barbe et tentait de se rassurer en constatant la vivacité de ses yeux, mais la peau de ses mains était parsemée de taches sombres et sèches. Elle tentait d'être forte, de se convaincre qu'elle s'en sortirait toujours grâce à son immense fortune, mais elle savait que la disparition de son père serait une perte irréparable. Aucun homme au monde ne l'aimerait jamais comme lui, de cet amour qui lui répétait qu'elle était belle et intelligente, qu'elle devait avoir toujours confiance en elle, de cet amour où elle puisait toute son énergie.

Hannah essayait de cacher le chagrin qui l'étreignait, quand ils étaient assis ensemble, bercés par la mer, dans le jardin d'une douceur éclatante malgré l'hiver. Elle faisait *buona figura* face à la mort qui avançait, à la solitude qui l'attendait.

Au-delà des oliviers et des rosiers, elle fixait l'île de la Gorgone qui l'intriguait toujours, tant sa terre aride ressemblait à un visage humain. Elle n'avait jamais nagé jusqu'à elle, malgré sa proximité, rebutée sans doute par les folles histoires qui circulaient sur elle, comme sur toutes les îles de la Méditerranée : repaire de corsaires, prison, trésor caché ainsi que dans *Monte-Cristo*… Et pour renforcer les fils fragiles de la mémoire, elle invitait son père à raconter ses souvenirs encore et encore, à feuilleter avec elle les pages de la chronique familiale, afin de les préserver par-delà le temps et l'absence.

« Papa, dis-moi, les Camondo étaient donc des Italiens de Turquie… Mais la Tunisie aussi était turque, n'est-ce pas ?

– Tu as raison, prunelle de mes yeux, elle est plus turque que turque, voilà le fond de ma pensée ! Tous les beys, tous leurs mamelouks, tous les politiciens importants du pays sont d'origine turque et se montrent très fiers et très honorés d'être assujettis à la Sublime Porte. Chaque année, ils envoient au sultan d'Istanbul, en guise de tribut, toutes sortes de cadeaux auxquels ils joignent plusieurs onces d'essence de roses et d'huile de jasmin.

– Mais ton palais, celui que tu as laissé en Tunisie et transformé en école de l'Alliance israélite, comment l'avais-tu obtenu ? »

Nessim resta songeur quelques instants. Fallait-il confier la vérité à sa fille ?

« Par amitié… tout simplement. C'est Léon Roches, le consul de France, qui avait beaucoup insisté pour que je l'aie. Tu comprends, comme j'étais le caïd, ministre des Juifs, ce brave homme a dû faire un rapide calcul : le poids des Juifs en France pour contrebalancer celui des Juifs d'Italie… Et crois-moi, j'ai beaucoup accompli pour l'émancipation des miens et celle des femmes en particulier. D'ailleurs, le bey m'a récompensé en m'offrant des centaines de pierres d'ambre marquées de son sceau.

– Tu as reçu d'autres honneurs ?

– Le plus grand, le plus inoubliable, c'est la faveur qui m'a permis de rencontrer à Alger, où ils rendaient visite à leurs nouveaux sujets, Napoléon III et la belle impératrice Eugénie. J'y accompagnais mon bey, et c'était la première fois que je foulais le sol français. Tu imagines mon émotion ! Je me souviens encore des langoustes et du champagne rosé que nous avons dégustés au cours d'un grand banquet donné sous une immense tente. Comme tu vois, j'ai joué en Tunisie à peu près le même rôle que Abraham de Camondo en Turquie. Toujours au service de nos souverains, toujours pour le bien et l'émancipation de notre communauté !

– C'est bien papa, très bien même, mais parle-moi de ta vie avec maman là-bas ? Dis-moi, je t'en supplie… »

Nessim réfléchit. Fallait-il tout dévoiler à sa fille adorée ? Tout ? Il sentait sa fin proche, il devait peut-être mettre sa conscience en paix.

« Ta mère était une femme admirable. Toujours vêtue, même ici, en Italie, de sarouels rouges – tu sais, ces pantalons bouffants – et des *blouzas*, elle charmait tous ceux qui la voyaient… Je ne te répéterai pas combien elle a souffert à ta naissance, tu ne l'ignores pas, amour de ma vie. Mais dans ces années-là, nous n'espérions plus avoir d'enfant, et nous nous étions beaucoup attachés à notre nièce, Myriam, la fille de mon imbécile de frère. Pour elle, nous aurions fait n'importe quoi… Aussi, lorsque nous avons été obligés de quitter la Tunisie, ta pauvre chère mère et moi, à cause de la révolte contre l'augmentation des impôts – j'étais ministre des Finances, et les émeutiers se sont retournés contre moi, comme si j'y étais pour quelque chose !… Enfin, le peuple est comme ça. Donc, ta mère et moi avons pris la décision d'abandonner notre pays et, malheureusement, Myriam, la lumière de ma vie. Ta mère sanglotait dans mes bras et moi sur son épaule. Mais j'ai bien fait les choses, je lui ai laissé tous mes biens là-bas, des propriétés à La Marsa, à La Mohammedia, presque toute la Hara, des jardins à La Goulette, à Sidi-Bou-Saïd… D'après mes calculs, c'est un patrimoine de près de trente millions de francs qu'a reçu la petite Myriam, ma seule héritière à cette époque. Que Dieu lui prête vie ! Au fond, conclut-il avec un sourire moqueur à l'évocation de ses richesses, le caïd duc Nessim Scemama n'a rien à envier au comte de Camondo ! Sache surtout, mon ange, que je suis en règle avec ma conscience. Moi aussi, comme les Camondo, j'ai fait beaucoup pour les Juifs. »

Il est vrai qu'en quittant sa ville natale, Nessim avait laissé son palais, le fameux palais Nessim, rue El-Mechnakah, dans la Hara, avec ordre de le transformer, le moment venu, en école pour filles de l'Alliance israélite universelle. Mais il cachait prudemment à sa belle et intelligente Hannah toutes ses déconvenues, car il ne voulait pas paraître faible à ses yeux : « L'Indomptable », tel était d'ailleurs le nom qu'il avait fait sceller en lettres d'or au fronton de sa demeure livournaise.

Mais la différence essentielle, ce qui séparerait toujours un Camondo d'un Scemama, et les deux familles le savaient bien, c'était bien sûr leurs origines. Un Scemama, quels que soient sa richesse, ses titres et ses décorations, resterait toujours un Tunisien de Tunisie, un *Tounchi*, alors qu'un Camondo se pavanait comme un paon et ressortait à tout propos ses origines vénitiennes et triestines, remontant parfois plus loin pour se revendiquer Espagnol ou Portugais. Des fiers comme les Camondo, Nessim en avait connu une multitude à Tunis, des Juifs d'Italie, de Livourne, des *Grana* comme on les appelait. Prétentieux et insipides, ils méprisaient les Juifs autochtones. Ils allaient jusqu'à boire l'eau avec une fourchette, racontait-on par plaisanterie. Ils avaient exigé leur propre rabbinat, leur propre cimetière. Ils pratiquaient la politique du « On ne mélange pas les serviettes et les torchons », provoquant un véritable schisme au sein des communautés. Certes, certains de ces Grana étaient sympathiques, il le reconnaissait volontiers. Nessim, par exemple, appréciait les Moreno, les Cardoso, notamment, et cette adorable Signora Eugenia Enriquez grâce à qui il avait pu faire imprimer des livres… Mais les autres ! Et dans les moments où les Camondo, toutes générations confondues, l'énervaient au plus haut point, Nessim les aurait volontiers traités de « Grana ». Chez eux, sur le Bosphore, les Juifs qui venaient d'Italie étaient appelés des Franco : tous les Camondo, les Modiano, les Fernandez, les De Castro étaient donc des Franco, et Nessim enrageait mais n'y pouvait rien.

D'ailleurs, lorsque, lui, le caïd duc Nessim Scemama, avait croisé les Camondo à deux ou trois reprises pour affaires, ils l'avaient ignoré purement et simplement, le traitant comme un parvenu ! Lui, un parvenu !

Le vieil homme laissa retomber sa colère puis, d'un geste, fit signe à sa fille de se rapprocher. Ses yeux étaient encore plus rieurs que d'ordinaire. Dans un souffle, il lui déclara :

« J'ai pour toi, hormis tous les biens que tu connais déjà, un joyau inestimable que bien des Camondo m'envient : un hôtel particulier somptueux ! Je ne te dis pas où, je te laisse la surprise qui te consolera un peu de ma mort ! Sache cependant qu'il est sur la plus belle place de… – et ménageant son effet, il conclut en fermant les paupières, revoyant sans doute son trésor – la plus belle place de Paris ! »

Istanbul, 1854-1860

Abraham faisait partie de ces hommes dont l'élégance d'esprit était rehaussée par leur sens moral et leur amour du bien. Pour lui, s'occuper de ses concitoyens d'Istanbul, et surtout de ses coreligionnaires, était un devoir sacré, conféré par sa position sociale et son argent. Ce rôle, il ne s'en cachait pas, il pouvait le jouer grâce à son influence auprès du sultan et des vizirs de la Sublime Porte. C'est ainsi qu'en 1854, il ouvrit une première école juive à Hasköy, tout près de la synagogue où il s'était marié avec Clara. Abraham possédait une grande qualité, rare chez un être à l'intelligence presque trop rapide : il savait écouter. Lui, le chef de famille, le grand novateur, il avait compris et suivi les conseils de l'homme politique français Adolphe Crémieux et du grand banquier anglais Mosès Montefiore, venus une dizaine d'années plus tôt à Istanbul. Les deux Européens, qui avaient visité les écoles de Talmud Torah, où tous les cours étaient dispensés en hébreu, furent horrifiés par la vétusté et l'obscurantisme de l'enseignement.

Abraham, vêtu d'un caftan de soie et coiffé de son tarbouche, avait accueilli ces illustres étrangers avec un sens de l'hospitalité tout orientale et mis à leur disposition des maisons individuelles sur la rive ouest du Bosphore, mais aussi toute la domesticité nécessaire, des voitures à chevaux et même des bateaux pour franchir la Corne d'Or ! Sir Mosès Montefiore, qui connaissait pourtant l'influence et la richesse de Camondo, lié à toutes les grandes familles juives de la planète, fut très impressionné. Lui et Crémieux ne purent qu'admirer le service impeccable, la table digne des plus riches Occidentaux, les couverts en argent mamelouk et les délicieuses pâtisseries turques. Ils n'échappèrent pas, bien sûr, à la confiture de roses de Kazanlik de Clara.

Ils insufflèrent à Abraham, avec qui ils conversaient sur un pied d'égalité, une idée héritée du siècle des Lumières : les Juifs de l'Empire ottoman, à l'instar des Juifs européens, devaient parler la langue de leur pays, donc le turc, mais apprendre également le français pour pouvoir un jour circuler librement et commercer avec les pays européens.

Abraham, qui ne parlait pas le français, mais l'italien et le ladino, le judéo-espagnol, réfléchit à tout ce que le savoir apporterait à ses coreligionnaires. Oui, ils devaient maîtriser aussi bien le turc que le français. Devenu chef de sa communauté, il s'empressa donc de créer de nouvelles écoles.

Abraham, pourtant, se sentait vieillir et malgré son amour pour son fils, il le savait peu apte à lui succéder à la tête des Juifs turcs, charge vraiment trop lourde pour lui. Qu'allait-il faire ? La confier à une autre famille ? Cette seule idée lui était positivement insupportable, mais comme souvent quand on se trouve dans une impasse, les difficultés s'aplanissent de manière inattendue : son propre petit-fils, Bohor, sauva la situation.

Âgé d'à peine vingt-sept ans en 1856, parfaitement francophone, c'est à lui qu'échut donc l'honneur de recevoir en grande pompe Alphonse de Rothschild, son aîné de peu. Le jeune Français, déjà bien établi dans le monde des affaires, envisageait de créer une banque à Istanbul. Lui aussi encouragea Bohor à construire de nouvelles écoles pour les Juifs. Ce que Bohor fit, deux années après sa rencontre avec Alphonse de Rothschild. En 1858, avec ses propres fonds, il créa un grand centre scolaire qui pouvait accueillir jusqu'à quatre cent cinquante élèves, dont cinquante internes, venant pour la plupart de Smyrne.

Mais les Camondo devaient payer cher leur modernisme. En 1860, ils durent faire face à la vive opposition de la communauté séfarade traditionaliste qui refusait leurs réformes inspirées par l'Europe et entendaient conserver les choses en l'état, c'est-à-dire enseigner à leurs élèves uniquement l'hébreu et le judéo-espagnol. Bohor prit la tête d'un mouvement progressiste composé de Franco, qui alla jusqu'à faire sécession avec les conservateurs, en se plaçant sous la protection des Italiens de Péra et Galata ! Très vite, les sécessionnistes créèrent la synagogue italienne de Galata. La communauté séfarade, conduite par Bohor, s'ouvrait enfin à l'Europe et à la France.

Abraham, lui, ne se décidait pas, malgré son âge vénérable – il allait avoir quatre-vingts ans –, à passer entièrement la main à ses héritiers. Il voulait surtout rester fidèle à ses engagements envers sa communauté et continuait à fonder des écoles, des hôpitaux, des dispensaires, non seulement à Istanbul, mais aussi dans le reste de la Turquie, et parfois jusqu'en Grèce. Quant aux synagogues, elles étaient très nombreuses et toutes portaient l'empreinte de leur donateur : Abraham de Camondo. Son fleuron pourtant était celle de Büyükdere, sur le Bosphore, tout près de Yeniköy. L'avait-il fait construire pour faciliter la venue à pied de ses petits-fils pour le shabbat et Yom Kippour ? C'était bien possible, car Abraham craignait que l'évolution rapide de la société n'éloigne de la religion ceux qui lui étaient le plus chers. Il avait parfois l'impression, lui, le patriarche, que Bohor et Nissim lui échappaient depuis leur mariage. Ils ne goûtaient même plus à la confiture de roses de Clara, c'est dire !

Abraham aurait tant souhaité que, comme par le passé, toute la famille se réunisse durant les grosses chaleurs dans son palais de Camlica. Mais Nissim comme Bohor – et surtout leurs épouses, qui avaient un sacré caractère – préféraient passer l'été au bord de la mer pour profiter de ses plaisirs. Ils restèrent sur la rive européenne, et négligeant les invitations de leur grand-père, ils se firent construire des *yalis* en bois près de Yeniköy ! Ils partageaient maintenant les jeux de plage et les baignades des familles de pachas ou d'ambassadeurs, qui désertaient également la poussière de Péra pour leurs résidences d'été, délicieusement ombragées par les arbres centenaires de leurs parcs.

Livourne, 1895

Après la mort de son père, Hannah perdrait non seulement son affection, mais aussi le pouvoir qu'elle possédait à travers lui. L'illusion de la beauté dont il la parait allait se dissiper avec sa disparition imminente. Son intelligence suffirait-elle à la rendre moins vulnérable dans cette société régentée par les hommes ? Nessim feignait d'ignorer les craintes de sa fille, qu'elle tentait de dissimuler derrière un tendre sourire.

Ils se tenaient dans le kiosque à moucharabieh, qu'escaladaient les guirlandes de rosiers grimpants et les lianes du jasmin étoilé, le printemps s'annonçait ; le jardin, planté de pins parasols et d'eucalyptus, s'inclinait doucement vers la mer, d'un bleu intense et velouté. Le père arborait comme toujours ses décorations au revers de son gilet. La fille, en longue robe de flanelle pâle, ses cheveux tressés en une large natte, lui donnait la becquée comme à un enfant.

« Raconte-moi comment vous avez quitté Tunis ? »

Il prit une cuillerée de minestrone et poursuivit son récit interrompu la veille :

« Avec ta mère, nous avons vidé notre coffre : les rubis, les diamants, les émeraudes, nous avons tout accroché, elle à sa taille, moi à mon sarouel. C'était lourd et cela entravait nos mouvements, mais ça allait. Les liquidités, placées dans des sacs de jute, remplissaient plusieurs calèches qui nous suivaient. Au port de La Goulette, quatre barques éclairées par des lanternes nous attendaient. Taïta prit la direction des opérations. Elle s'adressa aux marins : « Regardez-moi dans les yeux, mes fils. Nessim et moi, nous allons vous donner un gros sac plein de pièces. Vous allez nous conduire à un bateau qui mouille au large de Bizerte. Moi, je monte dans la première barque avec ces trente sacs, mon mari dans la dernière… Pour les deux autres, on vous fait confiance. Quand nous serons à bord avec tous nos sacs, nous les compterons ensemble et, là seulement, nous vous en donnerons un, à partager entre vous. »

Le chargement des barques dura longtemps. C'est à l'aube, quand le soleil commençait à poindre, que les premiers clapotis des rames se firent entendre sur la mer calme. C'est à l'aube de cette matinée de juin 1864, qui s'annonçait si chaude, que Nessim quitta définitivement le pays de ses aïeux. Il y laissait son cœur, ainsi que sa nièce Myriam, mais emportait avec lui vingt millions de francs qu'il avait détournés.

Nessim ferma un moment les yeux pour se reposer et peut-être aussi se remémorer ces événements.

« Arrivé à Marseille, je me suis dit : pour le caïd Nessim, rien ne vaut la capitale ! Et alors, fouette cocher, jusqu'à Paris, où je comptais bien revoir Napoléon et Eugénie. J'y ai tout de suite acheté plusieurs propriétés, une à Sèvres, une à

Beaumont-sur-Oise, un hôtel particulier rue de Chaillot, et j'habitais faubourg Saint-Honoré, au 47, une adresse très chic… Tu nous imagines, ta mère avec ses bijoux, ses blouses et ses sarouels, et moi en habits d'Oriental ! Je te jure que l'on nous regardait bizarrement dans les rues de Paris.

– Tu as revu l'impératrice Eugénie ?

– Mais non ! Chaque fois que je me présentais aux Tuileries ou au château de Compiègne, on me disait que Sa Majesté était occupée. Pourtant, entre-temps, en Italie, le bon roi Victor-Emmanuel II m'avait anobli et fait duc ! Enfin, nous commencions à nous sentir très bien à Paris quand j'ai appris, tu sais quoi ? Que le vieil Abraham de Camondo et ses petits-fils venaient s'y installer ! Cela m'a vraiment fait un choc ! J'étais d'autant plus amer que l'impératrice Eugénie, avant d'aller inaugurer le canal de Suez en Égypte, avait fait escale à Istanbul où l'avait reçue en grande pompe un Camondo ! Je décidai donc de quitter Paris pour Livourne, d'autant plus que la guerre éclair de 1870 avait mis à mal la capitale : Napoléon abdiquait, Eugénie fuyait, les Prussiens s'installaient. Même si j'avais organisé, durant le siège de Paris, des ambulances pour les blessés – et j'étais très fier de mon action, tu t'imagines –, tout ce tohu-bohu ne me concernait pas. Je partis donc pour l'Italie avec Taïta. »

Le vieil homme, bercé par le bruit des vagues, somnolait. Sa fille lui caressait le visage et chassait les mouches qui l'agaçaient. Quand il sortait de sa torpeur, sa bouche était si sèche que Hannah devait lui humecter les lèvres. Il reprenait alors son récit à l'endroit où il l'avait laissé :

« Donc, ma chérie, nous sommes arrivés, ta pauvre maman et moi, avec nos voitures chargées de biens, ici, dans cette oasis : Livourne. Nous nous sommes d'abord installés dans le quartier qui entoure la magnifique synagogue du XVIIIe siècle, fierté de la ville. La population cosmopolite parlait, qui le turc, qui l'espagnol, qui le judéo-arabe, mais tous parvenaient à se comprendre, grâce parfois au *bagito* qui ressemble un peu à l'italien. La majorité de ces exilés exerçaient les métiers de rabbin, de bijoutier ou d'humble tailleur. Je décidai de construire notre villa à Ardenza, devenu depuis le plus beau et le plus huppé des quartiers de la ville. Pendant des mois, des centaines d'artisans toscans ont travaillé sous mes ordres : le résultat est ce joyau de marbre, avec ses colonnes, son dédale de terrasses face à la mer, son kiosque oriental qui me rappelle mon cher pays natal… Évidemment, ce n'est pas le Dar Nessim, mon palais de Tunis, mais, crois-moi, cette demeure vaut son pesant d'or… À compter de ce jour, les Attias, les Cohen-Bacri et les Castelfranchi apprirent à me connaître. Taïta était heureuse d'être à nouveau chez elle. Elle sut rapidement se faire apprécier de toutes les dames de Livourne. À chaque fête, elle envoyait dans les maisons ces gâteaux tunisiens dont elle avait le secret, ces gâteaux qu'elle dorait dans la friture avant de les enrober de miel. Les pauvres l'adoraient également : elle secourait chacun d'entre eux, se promenait bourse ouverte via del Giardino et via della Scuola, achetant une paire de chaussures à un enfant, des poules ou un peu de viande aux familles tunisiennes les plus démunies. »

Elle qui donnait tout, elle a pourtant toujours conservé cette boîte contenant des pierres d'ambre gris frappées du sceau du bey, comme si elle pressentait, la pauvre femme, qu'elle aurait une fille à qui les transmettre… C'est le dernier cadeau que je vais te faire, il vient de ta mère chérie. »

À ces mots, Nessim plongea sa main dans une simple boîte de fer blanc et en sortit des pierres brutes presque noires dont chacune représentait soit une main de Fatma, soit un poisson, soit les armoiries du bey de Tunis. Hannah, d'un geste instinctif, les porta à ses narines pour les humer : elles exhalaient un parfum subtil, un mélange de rose et de jasmin, d'ambre et d'œillet poivré, qu'elle ne pourrait jamais oublier.

Istanbul, 1864-1869

Malgré la bourrasque qui balayait les rues d'Istanbul, en ce jour de novembre 1864, Abraham était heureux. Il se tenait droit, son regard toujours aussi perçant scrutait l'assemblée pour reconnaître les différentes personnalités présentes dans les salons de l'*Hôtel d'Angleterre*, à Péra. Nissim avait réuni toute la bonne société stambouliote pour annoncer la création d'un comité de l'Alliance israélite, fondée quatre ans plus tôt en France. Il était fier, Abraham, de transmettre ainsi le flambeau familial, et en écoutant le discours de son petit-fils, qu'il appelait affectueusement Nisou, lequel comptait, grâce à l'Alliance, amener ses « frères » juifs à l'instruction, il essuya discrètement une larme. Et quel honneur pour le vieil homme que de recevoir à nouveau chez lui Adolphe Crémieux, l'ancien ministre de la Justice, devenu le président de l'Alliance israélite. Oui, il se pourrait que ses petits-fils répandent la solidarité entre tous les pays où vivaient des Juifs, de Tunis à Mogador, de Salonique à Budapest. À présent, Abraham voyait clairement se dessiner sa succession : Nisou s'occuperait de son œuvre philanthropique pour l'émancipation des Juifs, tandis que Bohor dirigerait les établissements financiers. Il était également comblé sur le plan mondain : sa famille venait d'inaugurer le théâtre de L'Alcazar d'Amérique où se pressait déjà le tout-Péra, enchanté de disposer enfin d'une salle de spectacle élégante et moderne… Encore un des fleurons de la dynastie Camondo.

L'octogénaire, perdu dans ses rêveries, grignotait des baklava. Il se revoyait au bras de sa Clara, voici dix ans, en route pour le mariage impérial de Vienne. Il entendait encore l'émerveillement de son épouse devant la place Vendôme : « Oui, oui, lui avait-il juré, nous vivrons là, nous et nos fils. » Et il avait aussitôt chargé son homme d'affaires parisien d'acquérir cet édifice inestimable.

Comme elle avait changé, Clara, depuis ces jours insouciants ! Le deuil et le malheur l'avaient frappée de plein fouet quand leur petite-fille, Rébecca, mariée et mère de quatre enfants, était morte dans un palace de la Baie des Anges, à Nice, l'année précédente.

Clara, qui voyait déjà si mal, avait complètement perdu la vue à l'annonce du décès de son unique petite-fille. Depuis, elle n'avait plus goût à rien et ne savait même plus la recette de sa fameuse confiture de roses qui avait séduit tant de générations. Elle pleurait doucement dans le noir où ses yeux l'avaient quittée, elle pleurait en caressant la main ridée de son vieux compagnon. Et elle se posait la question que se pose chaque être au seuil de sa propre mort : son mari lui survivrait-il longtemps ? Lui, pourtant, ne l'avait jamais vue vieillir, elle resterait jusqu'à son dernier jour, la petite fille impatiente et drôle qu'il avait soulevée d'une main pour lui faire toucher les perles du lustre de Venise.

Deux années passèrent. Les combats pour l'unification de l'Italie faisaient rage, les fortunes étaient diverses. Abraham se disait que lui, originaire de Venise donc Autrichien, pourrait bien, un jour pas si lointain, devenir sujet italien ! À quatre-vingt-cinq ans, il conservait une rapidité d'esprit étonnante : il se devait d'aider la « longue marche » entreprise par Garibaldi et ses partisans ! Les Autrichiens seraient bientôt, il en était sûr, jetés hors du pays ! Pour ses héritiers, il lui fallait anticiper l'évolution du monde et se montrer un fidèle défenseur de l'unité italienne. Des émissaires dépêchés sur place plaidèrent auprès des fidèles de Garibaldi : la famille Camondo, installée d'abord à Trieste puis à Venise, dans le premier ghetto de l'histoire, n'oubliait pas ce qu'elle devait à son pays d'origine et priait les combattants d'accepter qu'elle finançât intégralement les chemins de fer.

Quand vint l'automne, Clara s'éteignit doucement, comme une chandelle soufflée par le vent. Elle mourut trois ans après sa petite-fille, deux mois avant son unique fils, son bel enfant aux cheveux noirs, qui avait su lui donner deux petits-fils.

Le vieil Abraham faisait non, non de la tête, il ne pouvait accepter ces morts à répétition, il n'avait pas assez de larmes pour pleurer sa femme, sa compagne de toute une vie, son fils, sa petite-fille... Bohor et Nisou, malgré leur propre chagrin, tentaient de le consoler ! Bon Papa devait réagir, ne pas se laisser abattre : ignorait-il combien il leur était indispensable ?

Abraham se laissa convaincre, car son instinct de vie, si puissant, ne demandait qu'à prendre le dessus. Il alla même jusqu'à se persuader que sa présence était nécessaire à ses petits-fils, aujourd'hui pourtant adultes, mariés et pères chacun d'un fils. D'ailleurs, une merveilleuse nouvelle arriva bientôt, qui le poussait à l'action : l'unité italienne était enfin achevée, avec le roi Victor-Emmanuel II à sa tête ! Abraham se rendit aussitôt avec sa famille à Turin, pour féliciter le monarque et lui offrir son aide financière. Le souverain, pour le remercier, lui accorda le titre de comte. Lui, comte Abraham de Camondo ! Et le titre était transmissible par la progéniture mâle… Quelle tristesse que Clara n'ait plus été là, la pauvre chérie aurait été si fière !

Comblé d'honneurs, Abraham devait pourtant être une fois de plus bousculé dans son confort stambouliote, dans cette ville magnifique où il était considéré à l'égal d'un sultan. Et ce fut un incident mineur qui poussa la famille sur une nouvelle voie, vers un autre pays.

Bohor, son petit-fils, s'occupait à présent de tous les établissements financiers de la place, y compris de la banque I Camondo. Un jour, il éclata : Aali pacha, au lieu de s'en remettre à I Camondo pour des emprunts, avait décidé de faire appel à des banques étrangères. Bohor, vexé, s'en ouvrit à Bon Papa qui réunit les siens autour de lui pour tenir un conseil. Très vite, on tira les conséquences de l'attitude du grand vizir : les Camondo ne pouvaient plus compter sur la seule Sublime Porte ! Alors, que faire ? Pour eux tous, une seule issue s'imposait : Paris ! Oui, ils s'établiraient tous à

Paris, la place financière où il fallait être… Mais le vieil Abraham, à son âge, serait-il capable de vivre loin d'Istanbul ? Serait-il capable de se faire à la vie certes palpitante, mais froide et impersonnelle de la capitale française ? Le patriarche fit oui de la tête, et son fez resta bien droit. Ses petits-fils et arrière-petits-fils deviendraient les rois de Paris et ils occuperaient, selon le vœu de sa chère Clara, ce légendaire hôtel particulier de la place Vendôme, où elle avait tant rêvé de les voir s'installer. Les Camondo seraient à Paris ! Les Camondo régneraient place Vendôme !

Bohor et Nissim se relayèrent pour préparer leur déménagement dans la Ville lumière, qui s'offrait d'ailleurs à eux plus facilement qu'ils ne l'auraient cru. Leur avenir serait souriant à Paris, ils n'en doutaient pas, et ils pourraient bientôt y faire venir leurs familles et surtout leur grand-père. Une excellente nouvelle leur arriva d'ailleurs, en cette année 1869, plus ou moins chaotique pour eux : l'impératrice Eugénie, en route pour l'Égypte où elle allait inaugurer le canal de Suez, ferait escale à Istanbul. C'était d'autant plus miraculeux que la belle impératrice avait, de son propre chef, choisi la banque de Camondo pour lui servir de relais financier durant tout son voyage. Nissim en personne serait chargé de recevoir l'impératrice des Français et de veiller au bon déroulement de son séjour en Turquie.

Abraham, dans sa grande et sage lucidité, entrevoyait déjà les retombées que cet immense honneur aurait dans le milieu très fermé de la banque française, au moment de leur décisive installation à Paris.

Livourne, 1895

Dehors, comme souvent en Méditerranée, le printemps était froid, maussade, venteux.

Le vieux Tunisien de Livourne ne quittait presque plus son lit à baldaquin et se nourrissait à peine. Il ne voulait plus d'autres soins que ceux dispensés par Hannah qui, pour le raccrocher à la vie, coiffait sa barbe et l'incitait à continuer son récit.

« Notre existence a repris doucement son cours sur ce nouveau rivage. Chaque après-midi, je retrouvais des amis de Smyrne dans une taverne derrière la synagogue, et nous jouions à la *skouba*, mon jeu de cartes préféré. Un plaisir innocent que je savourais en buvant de la grappa et en mangeant des fèves au *camoun*. Dès notre arrivée, la chance m'avait souri. Il ne s'était pas écoulé deux ou trois jours que le sieur Moati-Bussara, propriétaire d'une importante flotte et d'une partie du port, décéda subitement ! Je m'étais aussitôt porté acquéreur du tout, en payant à leur juste prix les bateaux, les quais et les bâtiments. Nessim, le caïd Nessim, devenait ar-ma-teur !!! Ce métier m'a passionné presque autant que celui de ministre des Finances. Livourne est une place commerciale et un comptoir de première importance, et très vite, je parvins à doubler puis à quadrupler le chiffre d'affaires du sieur Moati ! Je multipliai les bateaux à destination de l'Orient, en envoyai d'autres chargés de corail travaillé par nos artisans, vers la Chine, l'Inde, la Russie… Ils revenaient dodus comme des baleines qui auraient avalé des pierres précieuses. J'étais au faîte des honneurs mais, bien sûr, à l'époque, il me manquait encore l'essentiel : toi, ma fille, ma douce. Un jour – c'est le *mektoub*, ma parole, vraiment le destin –, j'ai décidé d'organiser une fête dans nos jardins afin de célébrer mon titre de duc. »

Il désigna à Hannah la succession de pins et de lauriers-roses, d'eucalyptus et de rosiers, de figuiers et de jasmins, qui dévalaient jusqu'à la Méditerranée.

« Juste avant les grosses chaleurs de l'été, avant que le libeccio ou le sirocco ne soufflent, j'orchestrai une grande réception. Le jardin était éclairé *a giorno* par des flambeaux, les buffets débordaient des mets les plus rares et les plus savoureux. Taïta, costumée en Marie-Antoinette et moi, en Louis XIV, nous descendîmes le grand escalier bras dessus, bras dessous. Ta mère était prise d'un fou rire qui m'embarrassait, et sa perruque laissait dépasser ses cheveux teints au henné ; elle ne cessait de répéter qu'elle allait « exploser dans cette robe de reine »! Mais, arrivés en bas des marches, nos invités nous ont acclamés aux cris de « Vive le duc Nessim ! Vive la duchesse Taïta ! » Au fond du jardin, un orchestre jouait du Verdi, c'était bien élégant. Le clou de la soirée fut l'entrée, sur cinq majestueux chameaux, d'une troupe de danseuses et de musiciens orientaux, embarqués en secret sur un de mes navires à Tunis. Juchés sur le dos des chameaux, ils jouaient de la derbouka, du pipeau, de l'oud, et tout le monde se mit à danser et à lancer des youyous. Ici, près du kiosque où tu me laisses me reposer, prunelle de mes yeux, il y avait des agneaux farcis de couscous qui tournaient sur des broches. L'odeur de la harissa, des oignons et du persil chatouillait agréablement nos narines... De vastes plateaux de cuivre circulaient, couverts de ces gâteaux que ta mère préparait si bien : "l'esprit du bey", les oreillettes, les *makroud*, les boules de miel... Taïta s'est éclipsée un moment pour reparaître dans son costume de Tunisienne. Plus à l'aise dans son pantalon rouge bouffant que sous la crinoline de Marie-Antoinette, elle exécuta la danse du ventre ! J'ai dansé moi aussi, je dois le reconnaître, mais sans déposer ma perruque ni mon habit brodé, noblesse oblige ! Ta pauvre mère ne comprenait pas les contraintes de notre rang. Après cette fête sans pareille, on ne m'appela plus que "Monsieur le duc". Au port, les marins me disaient : "Monsieur le duc viendra-t-il avec nous à Smyrne ? ou Monsieur le duc a vérifié le déchargement des pierres ? »

C'est à cette époque que j'ai entrepris la construction du mausolée où tu m'as accompagné voici quelque temps et que je rejoindrai très bientôt. Je l'ai voulu à la mesure de mon titre et de ma fortune : immense, somptueux. J'ai choisi son emplacement avec soin, au bout de l'allée centrale. Je l'ai voulu très haut afin de pouvoir dominer mes coreligionnaires défunts au long des siècles. Il est entièrement en marbre de Carrare, ses fines colonnes ciselées comme celles de la Grèce antique... Certaines personnes prétendent que mon tombeau est un petit Panthéon. J'ai pris soin, ainsi que tu le remarqueras, de faire graver mes armoiries au pied de chaque colonne, et la statue centrale me représente le jour où notre bon roi Victor-Emmanuel m'a fait duc ! Crois-moi, ma fille chérie, avec ce monument, le caïd duc Nessim Scemama défiera le temps et l'histoire. »

Hannah savait que, bientôt, elle conduirait vêtue de noir la dépouille de son père dans ce mausolée, mais elle chassa cette image de son esprit et, d'une pression des mains, l'engagea à continuer.

« J'avais hâte que ce monument fût terminé, car je me faisais du souci pour ta pauvre mère. Depuis quelques mois, elle enflait terriblement. J'appelai le docteur Giacomo Di Castelnuovo en qui j'avais toute confiance. J'admirais en lui non seulement l'homme de science mais aussi le Juif qui avait participé aux mouvements patriotiques pour l'indépendance et l'unification de l'Italie. Il ausculta donc ta mère, s'entretint quelques instants seul avec elle puis, très souriant, vint me serrer la main : « Félicitations, cher ami, toutes mes félicitations ». Moi : « C'est grave ? » Lui : « Non, encore un ou deux mois au plus. Tout se présente bien... – Comment ? – Mais vous allez être père, Nessim ! Père ! » Taïta et moi, nous ne parvenions pas à réaliser : un immeuble de quatre étages nous serait tombé sur la tête que nous n'aurions pas été plus abasourdis. Je n'ai pas pu avaler une seule bouchée de toute la journée. Le soir venu, j'interrogeai ta mère : « Quand ? – Marie-Antoinette et Louis XIV. » C'est le lendemain seulement que j'ai commencé à être envahi par un sentiment de bonheur qui ne cessait de croître et me faisait perdre la tête. Je suis allé jusqu'à Florence pour commander ta layette chez les meilleures brodeuses de la ville, jusqu'à Paris pour acheter une copie du berceau impérial, serti de pierres précieuses…

J'avais depuis longtemps demandé à mes amis de répandre à Tunis le bruit que j'étais mort, et je m'en félicitais car je ne voulais pas que ton nom soit taché dès ta naissance par des médisances venues de là-bas. Mort, on se fait vite oublier. De plus, j'avais peur de tous ces Tunisiens, prompts à jeter le mauvais œil ! Pourquoi leur faire envie ? Des fois qu'ils t'auraient porté malheur, à toi, mon plus beau diamant ! La nouvelle de mon décès a été confirmée maintes fois à Tunis, et j'ai pu attendre ta naissance paisiblement, ma main dans la main de Taïta… »

Paris, 1869-1873

Nissim et Bohor, aussi liés que s'ils avaient été des frères jumeaux, étaient presque indissociables. Pour la première fois, en cette année 1869, ils se trouvaient séparés, par la force des choses, à des centaines de kilomètres l'un de l'autre. Ils s'écrivaient cependant tous les jours, se tenaient au courant de leurs moindres faits et gestes. Nissim devait recevoir l'impératrice Eugénie à Istanbul, tandis que Bohor achevait les préparatifs pour l'installation de la famille à Paris. Aucun Camondo n'avait paru hésiter devant les problèmes politiques qui régnaient en France à cette époque : la tension intérieure, les luttes ouvrières renforçaient pour le moment le pouvoir de Napoléon III. Mais qu'en serait-il dans quelques mois ?

Les Camondo étaient ainsi faits qu'ils ne vivaient que dans le présent. Le vieil Abraham en était l'exemple. À presque quatre-vingt-dix ans, il n'hésitait pas à abandonner la ville où il était né, sa ville bien-aimée, ses couchers de soleil sur la Corne d'Or et ses minarets dorés, le brouhaha des quais où s'affairaient les marins, les odeurs de fleurs et de poissons mêlées, la société cosmopolite de Péra, les fastes des sultans et leur pouvoir bienveillant. Abraham supposait pourtant qu'il quittait pour toujours ses palais, ses immeubles, ses banques, son statut de roi d'Istanbul. Il ne reverrait sans doute pas vivant le mausolée fastueux où reposaient sa chère Clara, son fils Raphaël ainsi que sa petite-fille Rébecca, car il les y rejoindrait bientôt. Le temps pour lui de voir les siens s'installer à Paris et de les aider une dernière fois avec ce qui lui restait de forces.

Comble de l'étonnement pour tous ses proches, Abraham, toujours en caftan et fez, avec sa large barbe blanche, semblait vraiment se plaire sous la grisaille parisienne. Dès son arrivée, répondant au vœu formulé par Clara, il entreprit des démarches afin de savoir si sa famille et lui-même pouvaient s'installer dans le fameux hôtel de la place Vendôme dont il s'était porté acquéreur. Mais, horreur, son homme d'affaires, à la bonne réputation pourtant, s'était volatilisé ! Très agacé, Abraham reprit son livre de comptes : oui, la somme versée à son agent pour l'acquisition de ce bien exceptionnel avait été perçue normalement… Il devait donc mandater immédiatement un autre émissaire auprès de l'enregistrement des biens immobiliers afin de retrouver l'acte notarié de son achat.

En attendant, ses petits-fils avaient acheté deux demeures à quelques pas de l'Étoile, avec écuries et jardins, l'un au numéro 7 de la rue de Presbourg, l'autre juste en face, au numéro 6. Bon Papa, ses petits-fils, leurs épouses et leurs enfants étaient réunis à Paris, comme ils l'avaient été à Istanbul, et leur existence devait donc pouvoir continuer comme auparavant. Abraham, très vite, sut apprécier les bons côtés de la vie en France, et notamment les vieux cognacs et même les chartreuses qui aident à la digestion. Il conseillait ses petits-fils dans leurs placements immobiliers. « Oui, leur disait-il alors que les rumeurs de guerre s'amplifiaient, si les Rothschild investissent autour du parc Monceau, faites-le aussi, vous avez ma bénédiction. » Bohor et Nissim, qui avaient hérité son sens aigu des affaires, achetèrent donc des terrains dans ce quartier qui allait certainement devenir très à la mode… En juin 1870, Nissim acquit une parcelle au numéro 63 de la rue de Monceau et Bohor un terrain encore plus vaste au numéro 61 de la même rue. Mais ils finaliseraient leurs projets de construction plus tard, quand le calme serait revenu en France…

Tous deux prirent bientôt la décision de quitter Paris pour un certain temps : en l'espace de quelques semaines, de juillet à septembre, la guerre avait été déclarée, Napoléon III fait prisonnier par les Allemands, la république proclamée, et Eugénie s'était enfuie en Grande-Bretagne.

Il leur fallait mettre Bon Papa à l'abri en raison de son âge. Ils avaient entendu dire que Nessim Scemama, ce caïd de Tunis qui avait la folie des grandeurs, était déjà parti pour Livourne, après s'être, paraît-il, rendu acquéreur de nombreux terrains en Île-de-France, d'hôtels particuliers dans le faubourg Saint-Honoré et d'une pure merveille sur la place Vendôme !

À Londres, leur ami Sassoon, originaire de Bagdad, reçut somptueusement les Camondo… Mais, curieusement, ils se sentaient déjà français dans l'âme bien qu'ils n'aient pas cette nationalité, et ils languissaient loin de Paris. Aussi, d'un accord commun, après la Commune et le sanglant siège de la capitale, ils décidèrent de rentrer en août 1871 et de contribuer à l'effort de guerre aux côtés des grandes banques françaises.

Un vent menaçant commençait cependant de souffler, avec la publication de pamphlets de plus en plus violents dans des journaux antisémites…

Les Camondo décidèrent, une fois de plus, de ne pas y prêter attention et entourèrent Bon Papa qui attendait tranquillement sa fin.

C'est au milieu des siens que le grand Abraham de Camondo rendit son dernier soupir en 1873. Dans un vertige, il vit, une seconde avant sa mort, une petite fille brune, gracile et drôle, aussi légère qu'une plume, il revit les naissances de sa descendance, les deuils aussi, mais l'image de la gamine effrontée qui n'en faisait qu'à sa tête le poursuivait. Il râla, il mourut.

Abraham eut des obsèques imposantes à Paris. Se pressaient devant sa dépouille ministres et banquiers, rabbins et représentants de la communauté juive. Abraham de Camondo eut droit quelques semaines plus tard à de véritables funérailles nationales à Istanbul : la ville où il était né, où il avait épousé par amour la belle Clara, prit le deuil pour le célébrer dignement. Elle s'arrêta de vivre pour pleurer son Juif. Les magasins, les banques, les administrations furent fermés, et la foule suivit le cercueil. Toutes les religions étaient représentées : des catholiques et des orthodoxes, des musulmans et, bien sûr, tous les juifs de la capitale marchaient au même rythme, celui des cloches des églises qui sonnaient le glas. C'était le plus bel enterrement qui avait jamais eu lieu depuis l'arrivée, sur le Bosphore, des Juifs chassés de leur Espagne natale en 1492.

Livourne, 1895-1899

Son père était décédé depuis quelques minutes à peine. Hannah restait dans la chambre aux rideaux tirés, immobile, enveloppée par le silence. Depuis la veille, elle avait mis une robe noire et noué sa longue natte en chignon, comme pour signifier au mourant qu'elle était prête, elle aussi. Elle n'avait pas envie de voir le soleil du mois de mai. Elle gardait la main du défunt dans la sienne, découvrait que les rites du deuil s'imposaient naturellement à elle.

La porte de la pièce avait été interdite, sur son ordre, aux visiteurs. Seule, elle entendait le rester aussi longtemps qu'elle en ressentirait le besoin.

Nessim lui avait donné, la veille encore, quelques éclaircissements sur son passé, et il avait surtout tracé les grandes lignes de l'avenir qu'il voulait pour elle.

« Prunelle de mes yeux, lui avait-il dit, le port de Livourne, concurrencé par Sète et Marseille, va mal... Son âge d'or est passé depuis l'installation des Français en Afrique du Nord.

Mais n'oublie pas, trésor de ma vie, que je t'ai élevée comme un garçon. N'aie peur de rien, n'écoute que ton cœur, et sauve notre port. Je sais que tu trouveras une idée pour améliorer ce que j'ai déjà réalisé. Tu es assez forte et femme de tête pour me succéder et faire taire les mauvaises langues de la ville. Et si tu ne peux pas épouser un Camondo, trouve un gentil mari, comme Nephtali… »

Il s'assoupit tandis que Hannah faisait brûler du papier d'Arménie et répandait sur son lit les fameuses pierres d'ambre au parfum profond, afin de chasser les mauvaises odeurs qui rôdent avec la mort. Puis Nessim sembla faire un gros effort pour retrouver ses esprits. Hannah lui donna de l'eau à boire à la cuiller.

« Prunelle de mes yeux, si mes propriétés à Tunis sont toutes revenues à ta cousine Myriam, ton avenir est néanmoins assuré. Sache que tu possèdes des biens sur les bords du lac Léman et, à Paris, plusieurs immeubles boulevard Haussmann, des hôtels particuliers et des terrains dans la plaine Monceau, là où résident aujourd'hui les petits-fils d'Abraham de Camondo. Si tu étais leur voisine, cela pourrait arranger bien des choses, qu'en penses-tu ? »

Hannah cacha sa légère irritation en tapotant l'oreiller de son père agonisant : encore cette obsession de la marier avec un Camondo ! Le vieil homme devina l'impatience de sa fille et ajouta d'une voix faible, même si ses yeux brillaient encore comme pour annoncer une belle farce :

« Je veux te parler de ce joyau que j'ai mentionné l'autre jour : lors de notre séjour à Paris, j'ai acheté un magnifique palais. Tu ne sais pas encore où. Eh bien, il est situé sur la place Vendôme ! Oui, la place Vendôme ! Je t'en ai déjà parlé. Cette merveille te revient. J'ai toujours refusé de la vendre, même aux Camondo. Ils prétendent, avec leur morgue habituelle, qu'elle leur appartient. N'en crois rien ! Elle est à toi, à toi seule, en vertu d'un acte de vente spécial, signé par l'impératrice Eugénie en personne. Tu y seras bien, lumière de mes yeux. Habite ce palais, fais-le vivre ! J'aurais tant de choses à te dire encore… Prends soin de toi, toujours… »

Ses mains tavelées et sèches s'agrippèrent aux siennes, et le caïd duc Nessim rendit son dernier souffle en ce jour de mauvais printemps méditerranéen.

La vie reprit son cours, mais celle de Hannah n'était plus qu'un vide immense. Son père lui manquait terriblement, elle voyait sa barbe et ses yeux malicieux, elle entendait encore sa voix qui semblait vouloir la pousser par les épaules.

Elle se refusait à voir la bonne société de Livourne qui voulait la marier, et se résignait à rester seule, sans père, sans mère, sans mari, sans amour. Sa détresse affective était à la mesure de sa solitude.

Un matin, alors qu'une fine pluie tombait sur son jardin et réveillait ses senteurs apaisées, elle décida de suivre les dernières recommandations de son père et de s'occuper de la compagnie maritime qu'il lui avait léguée. Dès lors, elle se rendit chaque jour, avec une ponctualité extrême, au port, pour n'en revenir qu'à la nuit tombée. Elle conduisait elle-même son attelage, au grand dam des bourgeois de la ville. Avec le temps, elle finit par apprécier cette ivresse, cette liberté intérieure que procure le pouvoir.

Hannah gérait depuis près d'un an les affaires de son père, et il lui fallait bien admettre que sa présence quotidienne au port n'avait guère amélioré la situation de l'entreprise, le trafic entre Livourne et les pays d'Afrique du Nord s'étiolait, et elle avait dû suspendre plusieurs liaisons avec Tunis et avec Oran. Les marchandises expédiées naguère par les ports italiens ne correspondaient plus aux besoins de la nouvelle clientèle française de ces pays. Hannah avait bien tenté une percée sur Smyrne et Alexandrie, mais de nombreuses sociétés rivales essayaient aussi de conquérir ces marchés, et la concurrence était trop rude. Elle n'avait pas eu le courage d'annoncer aux équipages des bateaux désarmés qu'ils ne reprendraient plus la mer. D'instinct, elle essayait de gagner du temps et employait les hommes inactifs à divers travaux de peinture et de menuiserie sur ses chantiers.

Un soir, après une journée aussi exténuante que décourageante, elle accompagna Nephtali – avec qui elle était restée très liée malgré son refus de l'épouser – dans une taverne près du canal, où il avait l'habitude de retrouver des amis artistes. Elle reconnut, en bras de chemise, le col tenu par le large nœud d'un foulard noir, le dessinateur Cappiello, devenu affichiste, qu'accompagnait un très bel adolescent aux cheveux noirs. Il s'appelait Amadeo Modigliani et rêvait de peindre. À la table voisine, quatre hommes se jetaient sur la charcuterie avec volupté : mortadelle, jambon, saucisson, saucisses, ils mangeaient goulûment de tout. Devant son air étonné, l'un d'eux se sentit obligé d'expliquer :

« Pardonnez-nous, Signorina, mais nous revenons d'Algérie, et vous savez que le porc est interdit en terre d'Islam. Nous sommes donc privés depuis trop longtemps de cette excellente charcuterie ! »

Hannah sourit à l'inconnu avec reconnaissance. Elle redevint instantanément aussi gaie qu'elle l'était avant la mort de son père, et dans un élan de générosité, elle offrit à toute la compagnie présente chianti et mortadelle... Grâce à cet homme, venait de germer en elle une idée qui allait lui permettre de sauver le port de Livourne. Dans le vide de son existence, dans son immense désarroi, elle trouvait enfin un but, et ce but, elle l'atteindrait.

Elle se retrouva bientôt au port, dans un hangar encombré de cochons arrivés la veille d'Italie du Nord. Leur odeur la révulsait, mais ils étaient bien roses, bien frais. Le jour même, elle les embarquait pour Alger et pour Tunis, villes privées depuis toujours de cet animal dont les colons français adoraient la viande.

Nephtali avait mis en garde sa « sœur », comme il la désignait :

« Attention, ma petite Hannah, n'oublie pas que les juifs ne peuvent manger du cochon ! Tu seras mise au ban de la société, tu ne trouveras pas de mari. »

Hannah ignora l'avertissement, elle suivrait son idée jusqu'au bout.

Le rêve de son père de la voir un jour devenir comtesse de Camondo s'éloignait. Manches retroussées, jupes longues relevées par une cordelette pour ne pas entraver son travail, cravache à la main, un mouchoir sur le nez, boitant de plus en plus, elle incitait les immondes bêtes à gravir la passerelle des bateaux. Aucun de ses employés juifs ne voulait accomplir ce travail.

Elle effectua ces chargements pendant des mois, et grâce à son idée de génie, le port de Livourne reprit une place importante dans le Bassin méditerranéen, rivalisant à nouveau avec Marseille. Plusieurs matelots licenciés furent réengagés, et bientôt, armateurs et assureurs maritimes fermèrent les yeux sur les douteux agissements de la jeune orpheline.

Hannah négligeait son apparence. Plus aucune féminité ne l'enveloppait, son visage semblait plus anguleux, ses membres plus décharnés, sa détermination presque masculine. Preciosa se lamentait en repassant les ruchés et les dentelles de ses robes en soie rose : jamais elle ne trouverait de mari ici ; déjà les invitations chez mesdames Medina ou Finzi se faisaient de plus en plus rares, pour ne pas dire inexistantes.

La jeune fille, grâce à son ignoble et dégradant labeur, avait atteint son but – sauver le travail de ses employés et de ses matelots, relever le port de Livourne –, mais elle se sentait à présent abandonnée de tous. Quand elle voyait dans un miroir son décolleté décharné, ses membres maigres, son pied droit déformé et plus court que le gauche, elle pensait à ses amies d'enfance, épanouies dans leur récente maternité… Un bébé… Elle en rêvait, mais en aurait-elle jamais ? Il lui était dorénavant impossible de séduire un homme de la bonne société juive de Livourne. De son propre chef, elle s'était exclue de sa communauté. Elle ne supportait plus l'odeur ni le contact des porcs. Elle ne supportait plus le regard désapprobateur ou indifférent des Livournais, elle ne supportait plus rien et sombrait dans une morosité morbide.

Ce jour-là, le cheveu en bataille, en tenue d'ouvrière, elle était particulièrement peu soignée. Le vent soufflait fort. Le dernier cochon pour Alger venait d'embarquer quand un jeune garçon courut vers elle.

« Signorina, un monsieur étranger veut vous parler !

– À moi ? Elle haussa les épaules.

– *Si, si*. Il vient de la part d'Amedeo Modigliani.

– Bon, fit-elle résignée, en essayant d'arranger son chignon, fais-le monter dans la guérite. »

De son bureau, elle observait les activités du port et admirait toujours – unique réconfort de sa triste existence – les couleurs chatoyantes de la Méditerranée et l'île de la Gorgone.

Un sac accroché à un bâton posé sur une épaule, un grand escogriffe blond, habillé en artiste, parut à la porte. « Quel homme étrange mais séduisant », pensa-t-elle aussitôt.

« Je me présente : John Lewis. Je suis peintre, Madame, et on m'a dit que je pourrais rejoindre l'Afrique sur un de vos bateaux. »

Elle l'examina… Bel homme, oui, de l'allure, une grande distinction dans les manières, une voix bien timbrée.

« Où voulez-vous aller exactement ? demanda-t-elle feignant l'indifférence.

– Mon souhait serait de rejoindre Alexandrie puis Le Caire.

– Je suis désolée, mais ma flotte ne dessert que l'Afrique du Nord.

– Je peux peut-être, de Tunis, rejoindre l'Égypte, non ?

Sa décision fut prise à l'instant, elle ne laisserait pas échapper cet inconnu, il était sa planche de salut, son sauveur :

– J'ai un navire, le *Nessim*, qui part demain à l'aube pour Tunis. J'embarque moi-même à son bord. Je vous offre volontiers l'hospitalité. »

Deuxième partie

Tunis et Paris, à la fin du XIXe siècle

Paris, 1873-1889

Depuis que Bon Papa avait laissé le clan des Camondo orphelin de sa présence, de ses conseils et de son aura, Bohor et Nissim le remplaçaient à la tête de la famille.

Ils firent construire deux hôtels, l'un situé au numéro 61 de la rue de Monceau, l'autre au numéro 63, dont ils confièrent, en 1871, la réalisation au grand architecte Denis-Louis Destors. À Paris, on disait des deux frères que « leurs magnifiques palais se touchaient comme leur cœur ». Ils avaient toujours vécu côte à côte avec leurs familles.

Les Camondo continuaient de pratiquer avec conviction leur foi juive et avaient même fait installer un oratoire rue de Monceau pour les cérémonies. Tous les vendredis soir, les hommes couverts de leur taleth, leur châle de prière en soie tissé par leur grand-mère Clara, donnaient la bénédiction de shabbat aux leurs.

C'est en grande pompe qu'ils s'installèrent dans leurs nouvelles demeures que le tout-Paris leur enviait. Dans chaque hôtel, les fêtes familiales succédaient aux réceptions. Il n'était pas un jour sans que les chroniqueurs mondains du *Figaro* et du *Gaulois* n'en célèbrent le faste et le bon goût. Les épouses Camondo, Régina et Élise, toujours habillées par Worth et soigneusement parées d'or et de diamants ayant appartenu à des sultanes, secondaient leurs époux en surveillant chaque détail de ces festivités. Des bals aux dîners intimes, elles avaient l'œil à tout, l'argenterie mamelouk, les verres en Baccarat, les tables jonchées d'orchidées blanches, les bougies aux senteurs d'Orient qu'elles faisaient venir spécialement d'Istanbul. Outre les menus très élaborés, elles contrôlaient chacun des bijoux offerts aux invités, suivant une tradition instaurée par Abraham et Clara.

Régina et Élise s'énervaient parfois de concert contre leurs époux : « Pourquoi, protestaient-elles, construire des maisons si coûteuses alors que nous pourrions vivre tous ensemble, ainsi que le souhaitaient Nonna et Bon Papa, dans celle de la place Vendôme ? »

Les maris, agacés, et qui n'avaient nulle envie de s'installer loin de la rue de Monceau, répondaient évasivement : « Nos hommes d'affaires, à la recherche des actes de propriété, sont sur le point d'aboutir. Nous aurons l'hôtel de la place Vendôme bientôt et nous revendrons ceux de la plaine Monceau avec une belle plus-value. »

Ils cachaient que leurs hommes d'affaires avaient retrouvé un vieux papier prétendant que le fameux palais appartenait à un certain Nessim Scemama, à la réputation douteuse... Dès qu'ils en auraient le temps, ils régleraient eux-mêmes cet épineux problème.

Les Camondo, comme on désignait sans distinction Nissim et Bohor, voyaient croître leur prestige dans la haute société parisienne et donc leur légende. Légende encore renforcée par l'arrivée de nombreux Juifs dans la capitale en 1870, après l'annexion de l'Alsace-Lorraine par l'Allemagne, et pour qui cette famille était un symbole de réussite et d'intégration.

Pourtant les Camondo étaient parfois pris de nostalgie à l'évocation de leurs *yalis* flottant sur les eaux scintillantes du Bosphore. Mais leur entretien coûtait si cher ! Maintenant qu'ils se sentaient bien acceptés dans leur nouveau pays, ils préféraient passer des vacances à la française. Aussi les frères décidèrent de louer leurs résidences stambouliotes aux Ottomans chics – ministres de la Porte ou hommes d'affaires – qui se disputaient ce privilège. Ainsi, les *yalis* s'éclairaient et s'animaient à chaque saison de réceptions. Ainsi se sentaient-ils moins coupables d'abandonner une partie de leur passé.

Bohor et Nissim avaient donc adopté le mode de vie des aristocrates parisiens. Vers la fin juin, après le Grand Prix, ils quittaient la capitale, avec toute la bonne société, pour s'installer à la campagne ou prendre les eaux dans une station thermale, comme Contrexéville qu'ils adoraient. En octobre, bien sûr, ils chassaient et, quand venait l'hiver, ils fuyaient ses rigueurs sur la Côte d'Azur. Ils avaient acheté une villa à Nice, où se réunissait une société huppée, bigarrée et cosmopolite.

Depuis la mort du patriarche, les relations de la famille avec Istanbul se délitaient au point de voir cesser les envois saisonniers, organisés par la banque I Camondo, de loukoums, de *bamia*, de boutargue, de *cashcavalsec* et autres spécialités turques qui fondaient dans la bouche. La mort d'un ancêtre peut-elle faire perdre les goûts de l'enfance, son parfum ? Bohor et Nissim étaient trop absorbés par leurs affaires pour se poser de telles questions. Ils consacraient beaucoup de leur temps à la Compagnie nouvelle des ciments Portland, fondée en 1881, ainsi qu'aux sociétés financières et bancaires, dont ils étaient vite devenus des partenaires essentiels. Regroupés, à leur initiative, ces établissements allaient bientôt lancer plusieurs emprunts d'État et investir dans la construction de nouveaux chemins de fer.

Quelques années après le triomphe de leur installation parisienne, les Camondo eurent l'impression que le sol se dérobait sous leurs pieds : un horrible pamphlet antisémite, *La France juive*, signé par un certain Drumont, parut en 1886. Pour tous les antisémites de France, malheureusement très nombreux, c'était du pain bénit. On y accusait de tous les maux les Rothschild, les Camondo, les Pereire, ces « juifs notoires ». Drumont ajoutait qu'au « concours hippique, tous les prix sont pour Israël et Camondo, ce gros Juif qui ressemble à un chef d'eunuques abyssins ».

Malgré l'inquiétude qui grandissait en eux d'une manière sournoise, les Camondo décidèrent, à l'unanimité, de faire une fois de plus le gros dos.

Peu d'années après ce choc, les Camondo furent frappés par le deuil : toujours unis dans la vie, les deux frères, les « jumeaux » Bohor et Nissim, moururent la même année, en 1889, à quelques mois d'intervalle, ainsi qu'un couple uni, un couple qui s'aimait. Nissim, d'abord, fut emporté à l'âge de cinquante-neuf ans par une pneumonie. Bohor le suivit, victime d'une fluxion de poitrine. Ils ne pouvaient à l'évidence exister l'un sans l'autre.

Livourne, 1899

Hannah, dans sa robe de soie rose aux volants raffinés, se regarda longuement dans la glace et décida une fois de plus qu'elle était la femme la plus laide d'Italie. Sa bouche trop grande, ses yeux écarquillés, son teint olivâtre et ses membres interminables la rendaient peu attrayante. Seul son père pouvait lui répéter qu'elle était belle comme le jour, la « prunelle de ses yeux ». Ces douces paroles étaient mortes avec lui, et même si Preciosa et Tina, sa femme de chambre, lui assuraient qu'elle était charmante, elle n'en croyait pas un mot.

Aujourd'hui cependant, son miroir lui renvoyait une image plus tendre, elle se trouvait presque mignonne avec ces nœuds de mousseline qui soulignaient son buste corseté. La satisfaction du travail accompli et la confiance en elle acquise de haute lutte pouvaient à présent se lire sur son visage et dans son maintien.

Pourtant, depuis deux ans, depuis la malheureuse affaire des cochons, elle avait été mise au ban de la société livournaise et plus aucune famille ne l'invitait pour les fêtes de Pessah, la Pâque juive, ou même pour Kippour ! Demain, justement, allait être le jour le plus long pour ses coreligionnaires, celui du Grand Pardon, mais voilà qu'elle faisait un joli pied de nez à ceux qui la négligeaient puisqu'elle avait pris la décision de les quitter !

Avec un trouble inconnu, piquant et profond, elle avait réglé mille problèmes, tandis que Tina, dans un crissement de papier de soie, glissait ses robes au fond des malles habillées de tapisserie. Le plus difficile avait été d'annoncer à Preciosa son départ inattendu. Le jeune artiste anglais avec qui elle partait n'avait même pas été évoqué et Hannah ne croyait pas avoir menti par omission, car elle se refusait jusqu'à la moindre ébauche de pensée à ce sujet. « J'aurai le temps de faire le point sur le bateau », pensait-elle. À Preciosa, débordée et vaincue depuis longtemps par ses manières, qu'elle désapprouvait, Hannah avait déclaré que des affaires de la plus haute importance l'appelaient à Tunis ; qu'elle avait reçu un télégramme concernant la succession de son père ; que sa cousine Myriam la réclamait… Bref, elle avait savamment emmêlé tous les fils de sa mémoire, et la vieille Italienne qui suivait la cuisson des poules farcies de Kippour s'était une fois de plus inclinée en grommelant, quoique soulagée au fond d'elle-même.

Hannah avait promis que son absence serait courte, à peine quelques semaines, mais pour calmer les inquiétudes que ce départ faisait naître, elle laissa à Preciosa la somme nécessaire pour payer le personnel et faire fonctionner la maison pendant six mois. Elle n'emmènerait que Tina en guise de chaperon et de femme de chambre. Tout fut si rapide qu'elle n'eut pas même le temps d'éprouver un regret en quittant sa villa et ses gens. Elle embrassa Preciosa qui l'avait élevée si affectueusement et, de sa voix retrouvée de petite fille, lui murmura :

« Ma nounou chérie, pardonne-moi mon mauvais caractère. Je t'aime, tu sais, tu es ma seule famille ! Dis à Nephtali que je l'aime aussi, qu'il est mon frère pour toujours. »

Hannah, sur le pont du *Nessim*, une ombrelle de soie rose à la main, attendait John Lewis. L'irruption de ce peintre inconnu lui offrait l'occasion de satisfaire son envie d'évasion qui la travaillait depuis qu'elle avait rétabli l'entreprise familiale. Son but était atteint au-delà de tout espoir, elle n'avait plus de défi à relever, et pressentait qu'elle allait bientôt succomber à l'ennui. Il lui tardait de vivre enfin pour elle-même ! D'être à l'écoute de ses impulsions, de ses désirs de jeune femme…

Elle était donc montée à bord un long moment avant l'heure fixée. Elle en avait profité pour montrer à Tina leurs cabines puis, laissant sa compagne déplier et pendre ses innombrables robes, elle s'installa sur le pont pour guetter son peintre anglais. « Heureusement, songea-t-elle, ni le bruit ni l'odeur des cochons dans la cale ne parviendront jusqu'ici… J'espère être plus présentable, sinon plus séduisante, que ce matin… Quelle désastreuse image il a dû avoir de moi… Comment l'effacer ? Enfin, nous aviserons. » Ce souci de plaire était entièrement nouveau pour elle et elle l'accueillait avec prudence. Elle avait glissé dans son bustier deux pierres d'ambre gris dont le parfum la rassurait et la rattachait à cette mère qu'elle n'avait jamais connue.

Elle vit l'homme blond courir sur le quai, son baluchon sur l'épaule. Il fut bientôt près d'elle. Elle perdit aussitôt toute son assurance.

« Mademoiselle, je ne suis pas en retard, au moins ?

– Pas du tout, pas du tout, répondit-elle en essayant un sourire timide. Pardon pour ce matin, j'étais sale comme les cochons que j'embarquais, ajouta-t-elle en riant plus librement. Le travail n'est pas toujours aisé pour une personne de mon sexe et celui qui m'incombe moins que tout autre ! Je crois être la seule femme armateur de toute l'Italie ! Peut-être même du monde, qui sait ? »

Sa fierté presque enfantine n'échappa pas à John Lewis. Il la regarda d'un air amusé mais également impressionné. Enfin la sirène du départ retentit. Hannah plia son ombrelle qu'elle jeta négligemment au peintre. De ses mains libres, elle fit de grands signes aux hommes alignés sur le quai.

« Je reviendrai. J'écrirai. Je ne vous oublierai pas.

– Merci encore, répondirent ses employés en lançant à Hannah des œillets rouges, merci pour tout.

– Ils vous aiment beaucoup, constata l'Anglais. Ils vous doivent énormément, je suppose.

– Les gens du port, oui, c'est vrai, ils m'aiment bien… Ils pensent que je les ai sauvés de la misère, mais pour arriver à ce résultat, j'ai terni ma réputation et perdu plusieurs personnes à qui je tenais. Ma ville s'éloigne ! Qu'elle est belle ainsi dans le coucher de soleil, c'est la première fois que je la vois de la mer… »

Livourne était nimbée d'un voile de lumière rose et or. Sur le port, les hommes, qui agitaient toujours leurs mouchoirs, s'éloignaient peu à peu. Seules les fières fortifications de la citadelle ocre se distinguaient encore.

« Je vais prier le commandant de vous conduire à votre cabine, reprit Hannah pour secouer sa mélancolie. Nous dînerons à sept heures et, en attendant, tout le bateau vous appartient. »

Hannah demeura seule sur le pont jusqu'à ce que Livourne ne soit plus qu'un point sur l'horizon qui prenait une teinte verdâtre. Elle comprenait soudain combien elle était liée à cette ville, à ses odeurs, à ses bruits et même, de toute évidence, à ses habitants. Elle se demandait, le cœur serré, quand elle la retrouverait et comment regagner ses grâces.

Paris, 1889-1899

Bohor et Nissim, les frères inséparables jusque dans la mort, avaient eu chacun un fils : Isaac et Moïse. Suivant les directives paternelles, ceux-ci, fidèles à leur foi, avaient appris l'hébreu et, naguère, fait leur bar-mitsvah. Les deux cousins, aussi proches que l'avaient été leurs pères, étaient à leur tour communément désignés « les Camondo ».

Ni Isaac ni Moïse n'étaient de jeunes orphelins : en 1889, Isaac avait trente-huit ans, et Moïse, vingt-neuf ans. Pourtant, malgré le prestige de leur nom et de leur titre nobiliaire, aucun d'entre eux ne s'était encore établi et n'avait donné de descendance à leur illustre lignée.

Isaac semblait le plus réfractaire à l'idée de fonder une famille : il n'en voyait ni la nécessité, ni l'urgence. Avait-il été dégoûté du mariage en observant celui, catastrophique, de sa sœur aînée Clarisse, unie depuis vingt ans déjà à Léon Alfassa ? Ce triste sire, pourtant bien né et directeur de la maison I Camondo, s'était permis de spéculer pour son propre compte à la Bourse. On murmurait qu'il avait perdu six millions à Paris, quatre à Londres, et que le total de ses détournements s'élevait à seize ou dix-sept millions.

Isaac adorait Clarisse. Il avait tenté de la protéger de son vil mari et des autres, mais quand sa pauvre sœur sombra dans une profonde dépression, il ne put que se résigner à la placer sous tutelle.

À dater de ce jour, Isaac ne fut plus le même homme, et le seul mot de mariage le mettait dans une fureur noire.

Au début des années 1890, Isaac déserta l'hôtel de Monceau pour s'installer rue Gluck, près de l'opéra Garnier. Il s'occupait toujours des affaires de la banque, mais il était surtout devenu un grand collectionneur. Avant même la mort de son père, il s'était rendu acquéreur de la fameuse pendule des *Trois Grâces*, en marbre blanc, signée par Falconet. Depuis, il parcourait les ventes aux enchères les plus prestigieuses, achetant ici des estampes japonaises, là des enluminures du Moyen Âge et, pourquoi pas, les tableaux des impressionnistes, Degas, Monet ou Cézanne. Toujours ce qu'il y avait de mieux et de plus cher. Son argent lui permettait de satisfaire aisément ses goûts. Son seul défaut, aux yeux du tout-Paris, était donc son célibat, qui en faisait d'ailleurs une proie très convoitée par les mères de famille encombrées de filles à marier et par les demi-mondaines alors si nombreuses. On lui connaissait certes de bonnes fortunes, mais c'était tout.

Son cousin Moïse eut plus de courage et prit femme en 1891. Pas n'importe quelle femme cependant, puisqu'il épousa la belle, jeune et élégante Irène Cahen d'Anvers. À dix-neuf ans, elle était délicieuse, ardente et spontanée, alors que Moïse, de douze ans son aîné, était d'un caractère plutôt compassé. Il était distingué, il avait beaucoup d'allure, mais il était borgne. Irène, dont le visage angélique et la blonde chevelure avaient inspiré le peintre Renoir dix ans plus tôt, pouvait-elle s'entendre avec cet homme qu'elle considérait comme un vieillard et que l'on disait très ennuyeux ? Moïse chassait souvent, possédait un yacht ancré à Cannes, montait à cheval, aimait la bonne chère et les bons vins. Voilà tout.

Par ailleurs, la dot d'Irène était considérable et plusieurs personnes se demandaient ce qui avait poussé son père, ami intime de Moïse, à un tel mariage. Certes, les deux riches familles avaient toujours entretenu de bonnes relations d'affaires, mais en fait, c'était Moïse qui réalisait une union avantageuse.

Les Cahen d'Anvers fréquentaient tout ce que la capitale comptait comme peintres, écrivains ou hommes politiques de premier plan. Leurs réceptions donnaient le « ton » à Paris. Installé en France en 1850, le fondateur de la dynastie, Mardochée, avait été agréé par les Rothschild et même reçu aux Tuileries. Les mauvaises langues affirmaient qu'ils avaient ajouté le nom d'« Anvers », leur ville natale, à celui, plus banal, de Cahen. Qu'importe, puisque le pape leur avait accordé un titre de comte romain !

Et voilà donc la délicieuse Irène mariée à un Camondo, qui devait sans doute l'intimider par sa prestance et par son âge. Avec sa très gentille belle-mère, elle ne pouvait échanger plus qu'un sourire, Élise Fernandez ne parlant que le ladino. Seul son nouveau cousin, le sémillant Isaac, le dandy de la famille, réussissait à l'égayer.

En 1892, Irène mit au monde un garçon, Nissim, et deux ans plus tard une fille, Béatrice. À cette époque, Isaac rompait définitivement les liens qui unissaient encore la famille à leur établissement bancaire : la banque I Camondo d'Istanbul.

Isaac sentait-il le danger qui menaçait le couple de Moïse ? Peut-être… Quoi qu'il en soit, il entraînait souvent sa jeune cousine dans les ventes aux enchères qui étaient toujours sa passion. Elle était à son côté lorsqu'il s'était rendu acquéreur de plusieurs pièces d'argent à la vente Pichon et, surtout, avait commencé sa collection d'objets et de meubles du XVIIIe siècle, lors de la vente du baron Double.

Pourtant, c'est Moïse qui acheta, en 1899, chez Seligmann, le bureau à cylindre en bois de rose et sycomore de Jean-François Oeben, qui avait appartenu au marquis Boni de Castellane. Il en fit hommage à sa jeune épouse qui eut alors cette phrase étrange pour le remercier :

« Ce bureau, mon cher Moïse, sera magnifique dans notre hôtel de la place Vendôme dès que nous l'aurons récupéré, ne trouvez-vous pas ? »

« Décidément, songea Moïse, encore plus renfrogné que d'ordinaire en se souvenant des scènes que sa mère faisait à son père, décidément cet hôtel de la place Vendôme tourne la tête de toutes nos femmes. Sans doute parce que c'est le seul bien qui leur échappera toujours… »

Mer Méditerranée, 1899

Tandis que les Camondo brillaient au sein de la haute société parisienne, Hannah Scemama abandonnait son passé italien pour un avenir incertain. Quand elle se retrouva dans la salle à manger du *Nessim*, seule avec John Lewis qu'elle ne connaissait pas quelques heures plus tôt, elle réalisa sa témérité. Qu'allait-elle pouvoir lui dire pour le séduire durant les trois longues journées que durerait la traversée ? Le séduire ? À condition bien sûr que l'odeur des cochons entassés dans la cale ne monte pas jusqu'à eux... Mais, comme toujours, elle rassembla son courage et entreprit le timide Anglais.

« John, déclara-t-elle à son hôte en passant à table, nous avons presque le même âge. Le mieux, vu les circonstances, est donc d'agir simplement, vous et moi. Vous m'appellerez Hannah, voulez-vous ?

– Quel prénom merveilleux ! Il évoque à la fois la Bible et l'Orient aussi. Quel exotisme pour moi, pauvre Anglais de la brumeuse Manchester !

– Tous vos ancêtres sont anglais ?

– Non, ma grand-mère Magda Montefiore était de Livourne. Ma mère avait hérité d'elle sa douceur méditerranéenne et son raffinement. J'avais six ans à sa mort, mais je la revois encore souriante et belle, dans mes rêves. C'était une femme petite, bien proportionnée, une miniature persane… »

« Tout mon contraire », pensa Hannah.

« Et votre père, John ? demanda-t-elle, croyant bon de changer de terrain.

– Mon père est antiquaire. Mais mon père spirituel, celui qui a déterminé ma vocation et mes choix artistiques, est un homonyme : le peintre anglais John Lewis. Assez dandy dans sa jeunesse, il était peu communicatif et, des onze années qu'il passa en Orient, il ne rapporta, pour tout commentaire et tout récit, que de somptueuses aquarelles. Il est vrai qu'elles nous renseignent mieux que n'importe quelle relation sur sa vision de l'Orient. Il a parcouru à plusieurs reprises la Méditerranée, avant de s'installer au Caire où il vécut en seigneur ottoman dans un ancien palais.

– Votre père spirituel était-il marié ? interrogea Hannah qui, l'esprit ailleurs, contemplait la mer.

– Oui, et sa jeune épouse fut souvent son modèle. Elle lui décrivait les intérieurs des harems qui sont interdits aux hommes. Il voyait par ses yeux. C'est sur ses indications qu'il a peint des gynécées, le soleil tamisé par les moucharabiehs éclairant l'appartement richement meublé de ces femmes cloîtrées. Il apporta aux détails des costumes, des tissus, de la décoration un soin d'une délicatesse extraordinaire… À son retour à Londres, ses œuvres eurent beaucoup de succès. John Ruskin est sans doute son partisan le plus fervent.

– Hannah, ajouta-t-il précipitamm
daient sur le pont, enveloppés par la froi
veux pas être indiscret, mais ce que vous
au sujet de l'animosité de la ville à vot

– J'ai été contrainte à prendre des décisions qu
mon image à Livourne», répondit-elle simplement.

L'humidité fit regretter à la jeune Italienne sa cape de drap, mais le silence parfait, la mer si calme, le parfum de l'ambre qui montait d'entre ses seins, l'entraînaient vers d'autres rêveries : « Comme j'aimerais le caresser. Suivre du doigt l'ourlet de ses lèvres ; elles sont si pleines, si sensuelles. Sentir l'odeur de son cou. Baiser ses yeux. » Horrifiée par ses pensées inconvenantes, Hannah se raidit pour marquer une distance.

« Vous avez froid ? Puis-je aller vous chercher un châle ?

– Non, non, ce n'est pas nécessaire, merci… Le voisinage des porcs m'a endurcie… Je n'ai rien d'une femmelette, rassurez-vous ! »

« Quelle imbécile je suis, je vais le dégoûter à jamais de moi, pensa-t-elle aussitôt. Quel manque de coquetterie, quelle ignorance des lois de la séduction… Ah, si j'avais pu profiter des conseils d'une mère, plutôt qu'une femme d'affaires, je serais devenue une femme tout court. »

« C'est vrai, enchaîna John en s'appuyant au bastingage, vous êtes très différente des autres jeunes filles que j'ai rencontrées. Un homme se sent tout de suite à l'aise avec vous, ce qui laisse le champ libre à l'amitié, si difficile entre personnes du sexe opposé… »

« Quel idiot ! s'il savait à quel point je me fiche de son amitié, enragea Hannah… Il ne comprend pas que j'ai envie d'être dans ses bras, de fondre sous ses baisers. »

Oui, reprit-elle en feignant la sérénité, l'amitié est aussi un sentiment rare et précieux. Je peux affirmer que mes vrais amis sont des hommes. Peut-être parce que j'ai été élevée par mon père, qui m'emmenait souvent au port et me laissait en compagnie de ses ouvriers ou de ses collaborateurs. »

Il fallut à Hannah une longue matinée pour se remettre de l'agitation de la nuit et présenter à John Lewis un visage lisse. Tina, en la réveillant avec son petit déjeuner, jeta un regard désapprobateur, quoique discret, sur son lit. Hannah appréhendait ces moments de solitude où son imagination galopait, s'enflammait malgré elle. Habituée à maîtriser sa vie et ses pensées, elle redoutait ces dérèglements incontrôlables qui faisaient jaillir avec violence ce qu'elle enfouissait au fond d'elle-même. Ses rêves la plongeaient dans un état de fièvre que sa décence et sa bonne éducation réprouvaient. Elle se tournait toute la nuit sur sa couche et se réveillait les cheveux emmêlés, sa chemise collée à sa peau par la sueur, honteuse à l'idée que sa passion se réduisait pour le moment à des délires de jeune fille en mal d'amour.

Tina déployait toute son habileté pour effacer les traces du sommeil troublé sur le visage de sa maîtresse. Onguents à la fleur de jasmin, masque d'argile, fer à friser rendaient peu à peu à Hannah une apparence plus policée, celle que John Lewis attendait pour la peindre. Que le jeune homme ait eu envie de réaliser son portrait avait rendu confiance à Hannah… après tout, était-elle si laide ?

John installa son chevalet et ses couleurs sur le pont de la mer immuable. Dès qu'elle apparut, il lui montra l'ébauche du tableau, le fond bleu réalisé en son absence, le contour de sa silhouette. Hannah portait – c'est lui qui l'avait exigé –

une robe en voile de gaze doré, ceinturée par une immense écharpe drapée. La jeune fille avait protesté pour la forme : « Non, John, même ainsi, je ne ressemblerai pas à une Orientale, je n'ai rien de leur grâce… », mais elle était si heureuse de son attention qu'elle avait consenti. Elle ne boitait presque plus et, dans sa robe vaporeuse, semblait prête à s'envoler.

Les séances de pose les rapprochèrent. C'était l'occasion d'évoquer tous les sujets qui leur venaient à l'esprit. Hannah se réjouissait de constater que John n'avait aucun préjugé envers les femmes astreintes, comme elle, à travailler.

« Comment imaginez-vous la femme idéale ? questionna Hannah.

– Elle est libre, surtout dans ses pensées. Mais pour moi, sans doute parce que je suis peintre, l'apparence est essentielle. Je la veux mystérieuse, belle et hiératique, inaccessible et proche en même temps… Je voudrais qu'elle se dérobe tout en s'offrant, je voudrais… »

Souhaitant éblouir le jeune Anglais par sa culture, Hannah lança :

« Je suppose que vous avez lu, bien sûr, les *Récits de Constantinople* de notre grand romancier Edmondo De Amicis ? J'ai adoré ses descriptions de harems peuplés d'odalisques à la peau blanche. Dieu qu'elles devaient s'ennuyer les malheureuses ! Mais ce que vous poursuivez n'est qu'un rêve ! Vous ne pourrez jamais rencontrer dans la même femme, le proche et le lointain, la chair et l'idée !

– Certaines Orientales, en tout cas celles peintes par mon maître, ont ce pouvoir, j'en suis convaincu, répondit le jeune homme presque nostalgique.

– Mais, John, votre maître n'a jamais rencontré ses modèles puisque les femmes du Levant ne se dévoilent pas devant un étranger ! Il les a peintes d'imagination, en s'inspirant des récits d'écrivains comme Nerval… ou de ceux que lui faisait sa jeune épouse qui, elle, pouvait pénétrer dans ces gynécées qui vous attirent tant et enflamment vos rêves ! Voyons, John, revenez sur terre ! Regardez autour de vous. Soyez lucide, que diable ! Acceptez la réalité et ses imperfections !

– C'est curieux, remarqua soudain le peintre, on sent par moments des relents nauséabonds, c'est à soulever le cœur. Des bancs de poissons morts, sans doute.

– Sans doute, oui… Je suis incommodée moi-même », répondit prudemment Hannah.

Les cochons avaient fait, la nuit dernière, un bruit épouvantable et elle se jura de transporter à l'avenir des bêtes plus romanesques, plus propices aux déclarations au clair de lune, par exemple des papillons, des perroquets, des chats siamois à la rigueur… Mais des cochons, jamais plus !

Hannah passait sans transition de l'abattement à l'espoir. Dans ses moments de doute, elle essayait de garder la tête froide et de raisonner comme le plus savant des mathématiciens. « Mon John Lewis aime deux sortes de femmes. Premièrement, ces créatures mythiques et sacrées, allongées voluptueusement sur des sofas de soie, peintes par des artistes imaginatifs. À moins de me déguiser, je n'aurai jamais une chance de leur ressembler. Deuxièmement, il vénère sa mère, évanescente et douce, dont il garde un tendre souvenir, un certain parfum de violette. Même en me déguisant, je ne serai jamais fragile et délicate. Je ne pourrai donc jamais lui plaire. Je ne pourrai jamais concurrencer des rivales sans existence ! Je ne pourrai jamais profaner l'image d'une mère disparue. Pourtant, je dois l'obliger à me regarder, moi Hannah, duchesse Scemama, comme une vraie femme digne d'être aimée ! »

Hannah constatait pour la première fois de sa vie qu'elle était battue… Par des mirages, uniquement des mirages ! Elle qui avait redressé une entreprise à la dérive, sauvé l'emploi de centaines d'hommes, qui n'avait pas craint de se mettre au ban de la société, se laissait emporter, par la force de la passion, sur des sables mouvants qu'elle était incapable de raffermir. Elle avait encore des sursauts, propres à son âge et surtout à son caractère : rien n'était perdu, il fallait se battre, ramener l'objet de son amour sur terre, changer la nature de leurs rapports. Ce rôle d'amie où elle s'était laissée emprisonner l'exaspérait maintenant qu'elle était éprise. « Rien de plus humiliant, songeait-elle, que d'être traitée en camarade alors que je n'ai qu'un désir… qu'il me prenne dans ses bras, qu'il me couvre de baisers ou alors qu'il m'injurie, qu'il me gifle, que sais-je… mais exister enfin ! être femme ! » Elle entrevoyait parfois le côté enfantin du personnage et reprenait alors espoir. Non, ce n'était pas un idiot, ni un égoïste, ni un faible, seulement un être inaccompli. Oui, c'était l'évidence, il avait besoin d'une compagne mûre, faite pour marcher à son pas et le soulager de ses responsabilités. Alors, Hannah, au nom de leur amitié, sans détours, avec ses propres armes, attaqua John :

« Êtes-vous pour le mariage ?

– Oui, avec l'être idéal, celui que je n'arrive pas encore à cerner mais que je devine…

– Mais, John, on n'épouse pas un rêve ! Gardez-le dans votre cœur, et songez à l'avenir de façon plus concrète, à une femme qui vous comprendra, avec qui vous pourrez partager goûts et affinités.

– Je ne puis encore renoncer à mon rêve, chère Hannah. Pour moi, cette femme aux contours indécis existe, et je la trouverai, dussé-je parcourir la Méditerranée, fouiller les sérails de Constantinople, les bas quartiers du Caire. Vous, avec votre force, votre appétit de vivre, votre autorité, vous ne pouvez pas…

– Assez, je vous en prie, cria presque Hannah, navrée de constater qu'elle lui avait offert l'occasion de préciser son mirage et de rejeter par contraste une certaine image d'elle-même. John, ne me parlez pas ainsi… Je ne veux plus être celle que vous avez connue sur le quai, au milieu des cochons, il y a seulement quelques jours. Nous arrivons à Tunis et rien entre nous n'a été… »

La sirène retentit pour annoncer l'entrée dans le golfe de Tunis, et sa phrase resta inachevée. Avec John, elle admira un village blanc, perché sur une colline rouge. « Sidi-Bou-Saïd, sans doute », pensa-t-elle. Elle se leva de sa chaise longue pour s'approcher du bastingage et cacher de la sorte à John Lewis son émotion et ses larmes, les armes mêmes qui auraient su lui plaire.

Paris, 1899

En cette fin de siècle, Isaac était d'humeur morose. Assis dans le salon décoré d'estampes japonaises et de vases chinois de l'époque Ming, il fixait sans la voir la pendule des *Trois Grâces*, qui avait tant contribué à sa notoriété dans Paris. Qui, à sa mort, prendrait soin de sa collection amassée avec tellement d'amour ? Il se sentait soudain nostalgique de son enfance turque, dont il égrenait les délicieux souvenirs : le bruit des cornes de brume des navires sur le Bosphore, les parties de pêche en compagnie de son cousin au large de leurs *yalis* de Yeniköy, les pâtisseries gorgées de miel que son arrière-grand-mère lui apportait le matin pour son petit déjeuner. Il se remémorait aussi les conversations avec Bon Papa Abraham, qui lui parlait souvent de la Torah. Que de morts avaient jonché son existence ! Cette hécatombe l'avait-elle maintenu dans son célibat ? Il ne voulait plus voir les siens disparaître et se rapprochait chaque jour de son cousin Moïse et de ses enfants, Nissim et Béatrice.

Le valet de pied s'inclina respectueusement pour lui présenter une missive sur un plateau d'argent. Isaac regarda la provenance : Tunis… Qui diable pouvait lui écrire de cette ville d'Afrique du Nord, française depuis à peine vingt ans ? Intrigué, il porta l'enveloppe à son nez : elle sentait la rose et le jasmin et peut-être aussi l'ambre. Une femme. L'écriture le confirmait : grande, large, appuyée. Une femme de caractère donc, mais raffinée. Il en entreprit aussitôt la lecture :

Monsieur,

Je ne sais pas si mon nom évoquera quelque souvenir en vous. Je me présente, je m'appelle Hannah Scemama, je suis la fille et l'héritière du caïd duc Nessim. Mon père était ministre du bey de la Régence avant de s'établir à Livourne où il a été anobli – à l'instar de votre ancêtre Abraham – par le roi Victor-Emmanuel II. Si ma mère est morte à ma naissance, mon père a disparu il y a peu d'années, me laissant à la tête d'une fortune considérable, comme vous l'avez sans doute entendu dire.

Oui, Isaac s'en souvenait.

Votre famille et la mienne ont été à maintes occasions en rapport d'affaires. Votre aïeul était même venu à Tunis négocier un emprunt avec mon père. Mais tout cela est bien loin, n'est-ce pas ?

Si je vous écris aujourd'hui, Monsieur, c'est que je me trouve à une croisée des chemins et que j'aurais besoin de vos conseils éclairés. Je vais donc tenter de vous expliquer ma situation : à la mort de mon père, je me suis retrouvée seule à Livourne et, ainsi qu'il me l'avait recommandé, j'ai repris en main ses affaires maritimes et d'assurances. J'ai réussi, je vous le dis sans fausse modestie, à rétablir en moins de deux ans la situation du port où, de nouveau, chaque ouvrier, chaque marin, chaque employé trouvait du travail. J'avais une charge énorme sur les épaules et j'ai dû, pour atteindre mon but, user d'expédients que la morale juive réprouve, puisque j'ai fait (honte à moi !) le commerce des cochons ! Je ne regrette rien, car je pense que la fin justifie les moyens.

« Incroyable, cette jeune fille a une assurance folle », se dit Isaac en éclatant de rire.

Cependant, l'attitude de la société livournaise ne tarda pas à changer à mon égard : je fus bientôt considérée comme une traviata, *une "hors du chemin", une réprouvée que même les anciens amis n'osaient plus inviter à la fête de Kippour. En septembre dernier, je décidai donc de briser cet isolement et de tout quitter, afin de connaître Tunis qui fut le berceau de mes parents.*

« Elle a bien fait, j'approuve. »

L'argent a ceci de bon, ne trouvez-vous pas, qu'il permet de soulager, sinon d'effacer certaines déceptions…

Je suis présentement logée au consulat d'Italie. Madame Di Mangano, l'épouse de notre consul, est aux petits soins pour moi. Tunis est une ville très animée qui possède un charme fou. Mais voilà, je ne désire plus qu'une chose : m'établir à Paris.

« Ah, ça se corse, elle va sûrement me parler de son hôtel de la place Vendôme. »

Avant sa mort, mon père m'a informée qu'il avait confié la gestion de tous ses biens français aux établissements Camondo dont, je crois, vous êtes le responsable. Je possède quelques hôtels particuliers et des propriétés, et j'aimerais en savoir davantage sur mon patrimoine. Ma venue à Paris sera-t-elle la bienvenue en ces temps troublés par la malheureuse affaire Dreyfus ? On dit la capitale en proie à de violentes campagnes antisémites. Qu'en est-il exactement ? Les Juifs d'ici, tunisiens ou français, sont également préoccupés et craignent la contagion de cette flambée de violence qui a touché l'Algérie voisine : magasins juifs pillés, synagogues incendiées, émeutes sanglantes. L'élection de Drumont à la députation d'Alger a encore assombri le climat ici. L'auteur de La France juive, *à Alger, il y a de quoi frémir…*

« Prudente, la jeune femme… »

Mais je mélange les problèmes, et je redoute de vous lasser avec toutes mes questions. Si toutefois vous m'encouragez à venir, je serai heureuse de vous rencontrer lors de ma prochaine arrivée à Paris. J'attends avec impatience votre réponse que vous pourrez m'adresser à l'adresse suivante : Duchesse Enriquez Scemama, Consulat d'Italie, Régence de Tunis – Tunisie.

Isaac posa son lorgnon, signe chez lui d'une grande perplexité. Cette femme était sûrement intelligente, peut-être même trop ! Était-elle une intrigante ? Possédait-elle une aussi grande fortune qu'elle le prétendait ? Le nom de Scemama lui évoquait bien sûr quelque chose. Il se rappelait des propos de son père et de son arrière-grand-père Abraham. Scemama n'avait-il pas eu une réputation quelque peu écornée… oui…

des ennuis avec la Régence de Tunis à l'époque… Sa correspondante ne manquait cependant pas de subtilité, et, à aucun moment, elle n'avait évoqué ce fameux hôtel de la place Vendôme, celui qui, de tout temps, avait fait rêver les femmes Camondo.

Isaac, au faîte de sa puissance – et aussi de son découragement – se sentit revigoré à l'idée qu'une jeune fille de son milieu – ou presque – fasse encore appel à lui. Voilà qui lui ouvrait de doux horizons.

Tunis, 1899

C'était en désespoir de cause que Hannah avait écrit à Isaac de Camondo. Tous les rêves qu'elle avait échafaudés en quittant Livourne s'étaient dissipés, pire, s'étaient retournés contre elle. Une fois de plus, elle se retrouvait seule et vulnérable dans une ville inconnue. Le XIXe siècle s'achevait et elle se sentait exclue de celui qui s'ouvrait.

En arrivant à Tunis, flanquée de sa femme de chambre et de son peintre anglais, elle avait fait pourtant grande impression, et les salons tunisois des quartiers français ou des abords de la médina bruissaient de ses faits et gestes. On s'interrogeait sur cette singulière personne, sur son argent, sur ses manières libres mais empreintes de la meilleure éducation. Hannah ne scandalisait pas, elle étonnait, mieux, elle intriguait.

Elle avait suivi les recommandations de son père : toujours dissimuler sa véritable identité en Tunisie et se faire « simplement » appeler « duchesse Enriquez ». Va donc pour la duchesse Enriquez, nom d'une amie de son père ! Elle avait pris soin de recommander à John Lewis de respecter son anonymat. Aussi, amusé, lui donnait-il d'un ton narquois du « Madame la duchesse » à tout bout de champ.

Les premiers jours furent consacrés à la découverte de la ville, la population si bigarrée, si colorée et si bruyante. Hannah observait les personnes vêtues à l'occidentale, qui côtoyaient les Orientaux en pantalons bouffants, les hommes en gilet rayé et burnous, fez sur la tête, les femmes drapées de blanc dont on ne distingue que les yeux soulignés de khôl. Elle humait à pleins poumons l'odeur si particulière de Tunis : un mélange d'eau saumâtre – la ville avait été en partie construite sur des lagunes insalubres –, de friture et de jasmin. Elle s'amusait des petits marchands qui partout proposaient des sandwichs au thon et à la harissa, des cornets de pois chiches ou encore, avenue de la Marine, des brassées de roses, d'arums ou d'œillets poivrés.

Dès leur arrivée dans la bruyante capitale méditerranéenne, Hannah avait senti un fossé se creuser entre elle et son compagnon. John, si attentif durant la traversée, était devenu distant. Lorsqu'ils se promenaient en voiture dans les avenues bordées de ficus, son regard ne se posait pas sur les élégantes européennes mais s'attardait sur les femmes voilées de leur haïk blanc. Un jour, alors qu'il lui tendait un bouquet de jasmin odorant, elle retint sa main d'un geste délicat et lui lança :

– Toujours à la recherche de votre Orientale idéale ?

Gêné, il grimpa sans mot dire dans la calèche et fit signe au cocher de poursuivre sa route dans les allées boisées du Belvédère. John s'était installé chez des parents de sa mère, au palais Montefiore, un *palazzo* étroit et sombre à l'entrée des souks. Dans la journée, il rejoignait Hannah au consulat d'Italie, près du fondouk des Français, et ils partaient ensemble sillonner les rues de la ville et bavarder.

Hannah redoutait les nuits chaudes et leur solitude, qui lui faisaient ressentir avec plus de violence son désir d'être aimée dans les bras du bel Anglais, consolée et vaincue par lui. Mais lui ne pensait qu'à d'autres conquêtes, des femmes irréelles qui peuplaient ses songes. Comment lui expliquer qu'au tournant du XIXe siècle, les odalisques ne survivaient plus que dans l'imagination de quelques orientalistes nostalgiques ou de quelques vizirs décadents ?

Mortifiée par l'attitude de John, Hannah décida, malgré le vent glacial qui s'abattait sur Tunis, d'aller à la recherche du passé de son père. Une séparation, même de quelques heures, lui ferait, elle n'en doutait pas, regretter sa présence. Il ressentirait alors le besoin de la voir, de lui parler.

Elle sortit donc seule et marcha au hasard. Une étrange exaltation, une attente sans nom accéléraient sa respiration. Tunis semblait soudain lui appartenir, s'offrir comme un trésor jailli de sa cachette. Sous le charme, elle s'attendait à voir l'Anglais surgir au détour d'une de ces rues pittoresques et bruyantes. Et pourtant, même s'il lui manquait déjà, une part d'elle-même préférait qu'il ne soit pas là pour la distraire des sensations qui la submergeaient : c'était des souvenirs profondément ancrés dans sa chair, hérités de la mémoire familiale.

Elle déambula ainsi, des heures durant, à l'aventure.

Sans s'en rendre compte, elle avait quitté le quartier flambant neuf des Européens pour s'engager dans les ruelles tortueuses du vieux Tunis, dont sa jupe longue caressait la boue séchée. Elle déboucha sur une place animée, entourée de kiosques en bois bleu qui étaient autant de cafés. Les gens la dévisageaient. D'instinct, elle se dirigea, comme si elle avait toujours connu le chemin, vers une voie étroite d'où émanaient des odeurs d'ordures et d'eaux stagnantes. Elle arrêta une petite fille qui jouait avec un caillou :

« Tu peux me dire le nom de cette rue ?

– El-Mechnakah... »

C'était donc la rue où son père, alors au faîte de sa gloire de ministre, avait construit son palais. Hannah était troublée à l'idée que ses pas l'avaient portée d'eux-mêmes vers la maison de ses parents.

« Tu sais où est le palais Nessim ? demanda-t-elle à l'enfant en lui donnant quelques sous.

– Non, attends, je vais demander à maman. »

Une femme édentée, sans âge, aux cheveux rouges de henné et aux yeux très maquillés, s'approcha :

« Qu'est-ce que tu cherches ?

– Le palais Nessim, si vous connaissez.

– Non, jamais entendu parler. Il y a une maison de riches, plus loin dans la rue, mais c'est une école de l'Alliance israélite, l'école de filles. Va voir... Tu me donnes un peu d'argent, dis... Tu es juive, toi ? ajouta-t-elle d'un air soupçonneux.

– Oui, répondit Hannah en fouillant dans sa bourse... Pourquoi ?

– Toi, on dirait pas... Ici, c'est le quartier... On est tous juifs, à la Hara... »

Hannah s'enfonça dans le dédale, entre les maisons si rapprochées que le soleil ne touchait pas la terre. Un peu plus loin, des adolescentes en rang deux par deux sortaient d'une imposante bâtisse d'où saillaient quelques ferronneries admirablement façonnées.

« L'école de l'Alliance, c'est bien ici ? s'enquit-elle auprès d'une jeune fille aux allures d'institutrice. Pourrais-je la visiter ? »

Hannah attendit quelques minutes. Puis une belle femme, entre trente et quarante ans, au port de tête majestueux, s'approcha d'elle. Deux petites filles étaient accrochées à ses jupes.

« Madame, vous désirez visiter l'école ?

– Oui. Il s'agit de l'ancien palais Nessim, n'est-ce pas ? »

La femme paraissait intriguée, presque contrariée. Ses magnifiques yeux gris s'obscurcirent.

« Oui, vous y êtes. Je ne voudrais pas être indiscrète, mais puis-je savoir ce qui vous conduit à visiter cette demeure oubliée de tous depuis tant d'années ? Vous me semblez si jeune !

– C'est que je viens de Livourne. Je m'appelle Hannah, Hannah Enriquez et...

– Oh, cela change tout... Allons dans mon bureau, nous y serons plus tranquilles... »

L'inconnue traversa d'un pas décidé le grand patio. Hannah regardait de tous côtés pour s'imprégner des lieux chers à son père... Elle vit à droite un escalier de marbre, entièrement recouvert de carreaux aux douces nuances roses. « C'est en haut de cet escalier qu'il devait accueillir ses invités lors de ses mémorables réceptions. Les habitations, dont sa chambre à coucher avec le coffre scellé, se trouvaient à droite du grand vestibule d'honneur... »

« Asseyez-vous, Madame, je vous en prie. Soyez assez indulgente pour pardonner mon trouble, que je tiens d'ailleurs à vous expliquer. Je suis la nièce du caïd Nessim Scemama et c'est madame Enriquez, Eugenia Enriquez, qui m'a élevée. Aussi votre nom éveille en moi de nombreux souvenirs...

– Mon Dieu ! Vous êtes donc Myriam ! La petite Myriam ! s'écria Hannah.

– Comment connaissez-vous mon prénom ? Vous êtes trop jeune pour avoir connu ma mère adoptive et...

– En effet oui, mais elle a correspondu jusqu'à sa mort avec mes parents, ses cousins germains. Chacune de ses lettres parlait de vous, de votre sensibilité, de l'amour qu'elle vous portait...

– Comme le monde est petit, remarqua la belle Myriam, pensive. Vos parents sont également décédés ? »

Hannah eut l'intuition que son interlocutrice l'avait percée à jour. Elle avait deviné qui elle était ! Elle prétexta la chaleur pour essuyer son front couvert de sueur. Ainsi, elle se trouvait dans le palais de son père, en présence de sa cousine dont elle avait tant entendu parler. Myriam, très discrète, ne l'interrogea mais, mise en confiance, lui raconta ses soucis avec la fortune laissée par son oncle : le legs avait été contesté par les différentes administrations. Elle n'avait plus le sou et sans son mariage avec un ami d'enfance, elle se serait retrouvée à la rue...

Elles promirent de se revoir. Avant de partir, Hannah osa poser une dernière question :

« Pardon, comment avez-vous fait comprendre à votre ami que...

– Que je voulais devenir sa femme ? Mais le plus simplement du monde : je le lui ai demandé. »

Hannah marchait avec allégresse dans les rues chaudes et bruyantes de Tunis qu'elle affectionnait maintenant. « C'est le destin qui m'a menée jusqu'à ma cousine, pensait-elle en se dirigeant vers le consulat d'Italie. Que ne l'ai-je rencontrée plus tôt. Elle m'a ouvert les yeux à temps, heureusement… Elle a raison, c'est à moi de convaincre John. C'est à moi de le guider, de lui montrer le chemin de notre avenir. Pour le recevoir tout à l'heure, je mettrai ma robe en voile doré, celle qu'il préfère, celle du portrait. Je m'allongerai à demi sur le sofa et je lui dirai : "Cher John, nous pouvons être heureux ensemble, nous unir par un mariage qui nous ressemble, c'est-à-dire anticonventionnel !" »

C'est dans un état de grande exaltation qu'elle cria, dès la porte du consulat d'Italie franchie :

« Tina, Tina, apporte-moi vite de l'encre et du papier, je dois écrire un mot à M. John Lewis.

– Justement, répondit la femme de chambre, M. Lewis est passé, il n'y a pas une heure. Il a déposé ce portrait de vous sur le bateau, ces lys blancs et une lettre. »

Hannah, mon amie, je sais que vous n'appréciez guère ce titre, mais je n'en trouve pas d'autre pour exprimer ce que j'éprouve. Mon amie ! Le mot est doux, et j'aime à me le répéter en pensant à vous, à vous seule. Je pars, Hannah, pour aller jusqu'au bout de ma quête, à la recherche de celle que vous avez refusé d'être. Vous possédez, Hannah, une telle énergie vitale et une telle volonté. Vous êtes une guerrière. Au Caire, je poursuivrai mon rêve, ma chimère… Le peu que j'ai entrevu, grâce à vous, de l'Orient, m'oblige à continuer. Peut-être y perdrai-je à jamais mes illusions et ma foi en la vie, c'est un risque à courir. Peut-être ferais-je mieux de voyager autour de ma chambre. Je connais vos arguments. Mais je sais aussi que je ne pourrai vous revoir que débarrassé de mes oripeaux encombrants…

Adieu, mon amie,

VOTRE JOHN LEWIS.

Paris, 1900

Isaac avait été surpris et curieusement touché par la lettre de cette jeune Italienne, Hannah Scemama, à qui il pensait souvent. À l'occasion, il devrait prendre des renseignements sur son honnêteté et sa réputation. Car, si elle le savait célibataire, elle pourrait bien n'être qu'une intrigante, prête à tout pour réussir un beau mariage à Paris. Ignorait-elle qu'il avait une maîtresse attitrée ?

Isaac décida de se rendre à l'Exposition universelle afin d'y rencontrer son cousin, Moïse, investi du titre étrange de commissaire général pour la Serbie. Cette nation avait édifié en bord de Seine un pavillon surmonté de trois dômes, dont le style oriental n'était pas sans lui rappeler Istanbul. Au centre du hall d'exposition, Isaac découvrit son cousin, débordé par ses responsabilités et les mondanités. Il le prit par le bras et l'entraîna à l'écart pour lui expliquer son dilemme.

« Je ne vois qu'une solution, lui répondit Moïse tout en saluant le baron de Coubertin, avant de te lancer dans une correspondance avec cette fille qui n'est peut-être qu'une aventurière, demande des informations sur elle. Mais attention, ajouta-t-il, je crois que ces Scemama ont des prétentions sur notre hôtel de la place Vendôme. Nous risquons encore des problèmes avec les femmes de la famille ! »

Isaac se souvenait en effet de cette vieille querelle, transmise de génération en génération, et dont on avait presque oublié le motif. Son arrière-grand-mère Clara avait eu le coup de foudre pour un hôtel de la place Vendôme, son arrière-grand-père avait cru l'acheter, mais, par on ne sait quel tour de passe-passe, il appartenait en fait aux Scemama… Suivant les conseils de prudence de son cousin, Isaac, décida d'en avoir le cœur net et se renseigna sur la fortune de la jeune femme : elle se révéla être, ainsi qu'elle l'avait affirmé : immense !

Rassuré, Isaac prit donc sa plus belle plume pour écrire à madame Di Mangano, l'épouse du consul d'Italie à Tunis, qu'il avait connue à Paris, et lui demander des informations sur sa protégée. Sa réponse ne se fit pas attendre, et moins d'un mois plus tard, Camondo n'ignorait plus rien de Hannah Scemama.

Oui, avait confirmé Silvana Di Mangano, notre chère Hannah est toujours à Tunis, dans notre palazzo. *Que dire d'elle si ce n'est qu'elle est à la fois forte, déterminée, mais si solitaire que mon cœur de mère s'en afflige ? Avec un courage inouï, elle a redressé en quelques mois le port de Livourne, qui a regagné grâce à elle sa place de grand port de la Méditerranée ! Mais l'ingratitude humaine est grande et la pauvre petite a été mise au ban de la société. Elle espérait trouver enfin le bonheur et la paix ici, mais il n'en a rien été. Une déception amoureuse l'a plongée, quelques jours à peine après son arrivée dans notre douce Tunisie, dans un profond état d'abattement.*

Elle se confie volontiers à moi, comme si j'étais sa mère. Ensemble, nous avons évalué ses possibilités d'avenir et nous sommes tombées d'accord. Il n'était plus question pour elle de s'établir à Livourne ou Tunis, où elle est "grillée". Il lui faut une grande ville où elle sera libre de ses mouvements, et sa réputation encore neuve. Notre choix s'est porté naturellement sur Paris, la Ville lumière !

Elle se souvenait, en effet, que son père y avait laissé une grosse fortune, gérée par les banques Camondo. C'est pour cette unique raison qu'elle vous a écrit. Pensez-vous pouvoir aider ma jeune protégée, si charmante, si spirituelle ? Je compte sur vous.

SILVANA DI MANGANO.

Ce que l'Italienne avait omis de préciser à Isaac, c'est qu'en bonne Méditerranéenne, elle ne pensait qu'à pourvoir Hannah d'un époux, il fallait qu'elle fasse un brillant mariage ! Elle avait elle-même pris des renseignements sur les Camondo, famille qui correspondait le mieux au parti idéal : juive, riche, aristocratique et parisienne. Depuis son bureau du fondouk des Français à Tunis, elle avait mené son enquête avec discrétion. Moïse de Camondo était bel et bien marié avec la délicieuse Irène Cahen d'Anvers, et de leur union étaient nés deux enfants. Selon la rumeur, le couple battait de l'aile, on parlait même de divorce, mais Silvana ne pensait pas échafauder des projets d'avenir pour sa protégée sur de telles spéculations. Ne restait donc chez les Camondo qu'un célibataire, charmant, drôle, pétillant et très parisien : Isaac en personne !

Et c'est ainsi que, conduit par la ferme main de madame Di Mangano, Hannah Scemama avait écrit au comte de Camondo quelques mois plus tôt.

Tunis, 1900

Une douce brise marine rafraîchissait agréablement *La Jetée*, un établissement sur pilotis de La Goulette. L'air circulait par ses larges ouvertures, et seuls quelques vieillards agitaient, par habitude, leur éventail : « *Chechaichai* ! » répétaient-ils. Comme c'était bon d'être là, de boire une gazouze, une limonade, en grignotant des amandes, des glibettes et des cacahuètes.

L'odeur salée de la mer piquait le nez de Hannah, assise au bord d'une baie en compagnie de Silvana Di Mangano.

« Il faut y aller, ma fille, insistait l'Italienne en robe longue de lin blanc. Rien ne sert d'attendre quand on doit se jeter à l'eau. Paris s'offre à toi. Et n'oublie pas qu'Isaac est encore célibataire. »

Hannah ne l'oubliait pas, certes, mais elle ne pouvait pas cesser de penser au charmant John Lewis, son caractère artiste en faisait un personnage si romanesque. Bien qu'il l'ait fuie, elle espérait encore le revoir un jour et parvenir à le séduire.

Son esprit vagabondait pendant que son amie lui dépeignait son avenir : elle était déjà à Paris, près des Camondo. Isaac lui avait écrit une lettre exquise, pleine d'encouragements. Oui, Paris l'attendait, ainsi qu'une immense fortune.

Isaac, d'après sa missive, semblait être un homme discret et courtois. Il répondait point par point à chaque question, notamment l'affaire Dreyfus :

La capitale est encore agitée de soubresauts après cette horreur, et je pense qu'il faudra des décennies pour éteindre l'antisémitisme qu'elle a fait naître si injustement. Le capitaine, comme vous avez dû l'apprendre, a pu échapper à l'enfer de la Guyane grâce à l'action d'intellectuels comme Bernard Lazare et surtout Émile Zola avec son courageux article intitulé J'accuse.

Venez à Paris, oui, mais je ne peux vous assurer qu'une certaine haine antijuive vous sera toujours épargnée. Mon cher cousin Moïse et moi-même en avons d'ailleurs été souvent les cibles et caricaturés avec tous les poncifs du genre : nez crochu et doigts rapaces. La ligue des Patriotes est toujours très virulente. Moïse, pour sa part, a longtemps redouté que cette sinistre affaire ne se retourne contre les Juifs vivant en France, mais en ce qui vous concerne, je crois, oui, je crois sincèrement que vous ne risquez rien.

Je mettrai tous mes services financiers à votre disposition et vous pourrez surtout compter sur l'aide et l'amitié des miens. Moïse vous attend, tout comme moi, avec impatience.

VOTRE DÉVOUÉ, ISAAC.

Hannah connaissait cette lettre par cœur. Elle allait certainement quitter bientôt Tunis. Elle regardait la plage de sable blanc de la Goulette, ses baigneuses en maillot à mi-mollets et manches longues, les marchands de boutargue, les pêcheurs vantant la fraîcheur de leurs poissons tressautant dans des seaux emplis d'eau de mer. Elle avait trouvé en Tunisie une certaine tranquillité, malgré sa douloureuse déconvenue amoureuse. Elle avait souvent revu sa cousine Myriam et une sincère amitié s'était nouée entre elles. Elle ne lui avait jamais révélé sa véritable identité, mais elle sentait que Myriam avait tout deviné dès leur première rencontre.

Silvana aussi, avec sa faconde et sa manière d'orchestrer les choses et les personnes, lui manquerait. Faisait-elle le bon choix en quittant Tunis, où tout lui rappelait ses parents, pour plonger dans l'âpre solitude de Paris ? Elle ne savait vraiment pas ! Elle n'avait pas de guide et ne devait compter que sur elle-même pour trouver sa voie.

Troisième partie

Paris
1900-1914

1900…

Légère, curieuse, elle marchait depuis des jours dans les rues animées de Paris. Hannah, suivie par sa fidèle Tina, se sentait portée par le rythme de la capitale et, sans se soucier de la fatigue, arpentait les quartiers, des plus huppés aux plus misérables, voire dangereux comme celui de Belleville. À vingt-quatre ans, elle avait atteint son port d'attache. Elle vivrait sa vie et mourrait à Paris, elle en était maintenant certaine. Grisée, elle admirait l'ordonnance des balcons en fer forgé des immeubles de style haussmannien, la perspective des Tuileries jusqu'à l'Arc de triomphe, les Grands Boulevards qui regorgeaient de badauds et d'élégantes, et dont les boutiques la captivaient. En s'extasiant sur la façade de l'Opéra, elle avait pensé à son correspondant, Isaac de Camondo, qui habitait tout près de là, rue Gluck. Elle ne lui avait pas encore donné signe de vie et il devait ignorer qu'elle se trouvait déjà à Paris.

Depuis sa rupture avec John Lewis, elle semblait économiser son énergie, elle réfléchissait à la portée de ses actes, de ses mots, de ses gestes. Et ce que cette nouvelle maturité lui avait fait perdre en spontanéité, avait enrichi sa maîtrise des rapports humains.

Hannah n'avait pas voulu aborder la famille Camondo en petite provinciale égarée, sachant que pour exister à leurs yeux, elle devait présenter une image de jeune femme accomplie et élégante.

À son arrivée à la gare de Lyon, elle avait fait embarquer ses malles-cabines Vuitton dans plusieurs voitures et avait donné cette adresse : 4, rue Drouot.

Sitôt prise sa décision de s'installer à Paris, elle s'était lancée depuis Tunis à la recherche d'un endroit où loger avec sa femme de chambre, et Silvana Di Mangano lui avait recommandé cette pension pour femmes seules, bien entretenue et surtout bien fréquentée. Elle était à deux pas des boulevards, sa propriétaire était accueillante, et Hannah s'y était plu tout de suite.

Elle n'avait pas contacté les Établissements bancaires Camondo, car elle désirait rester encore un moment anonyme. D'ailleurs, elle avait emporté de Livourne suffisamment d'argent pour mener grand train pendant au moins deux années.

Elle constata cependant que sa garde-robe, qu'elle croyait parfaite, était déjà démodée à Paris. Les femmes qu'elle croisait dans la rue avaient une allure dégagée, vive, moderne. Leurs chapeaux étaient bien plantés sur leur crâne et leurs bottines en veau souples leur faisaient des pieds menus. Mais elle ne connaissait personne à qui demander conseil, elle devait se débrouiller seule. Elle envoya donc Tina acheter le journal des élégantes : *Femina*. On y indiquait quelques bonnes adresses, notamment celles des célèbres maisons Worth et Doucet.

Hannah, se rendit d'abord au 7, rue de la Paix, chez Worth, qui avait su, avec élégance, habiller en son temps l'impératrice Eugénie, si chère au cœur de son père. Elle y commanda plusieurs robes de bal et des étoles en cachemire brodées pour les réchauffer, autant de modèles qu'elle trouvait superbes, mais peu innovants.

Elle s'arrêta ensuite au numéro 21 de la même rue, chez le couturier Jacques Doucet, lui aussi grand amateur d'art. Hannah éprouvait respect et admiration pour le collectionneur qui rassemblait des meubles et des œuvres du XVIIIe siècle, des dessins de Boucher, Fragonard et Watteau… Elle fut presque intimidée quand il vint en personne lui conseiller quelques robes et manteaux, qu'elle commanda immédiatement. Puis le maître la confia à l'un de ses assistants, Paul Poiret. Hannah se sentit aussitôt plus à l'aise et, tout en lui prédisant un grand avenir, elle commença, grâce aux suggestions du jeune homme, à se faire une idée plus précise de la femme qu'elle désirait devenir.

Elle dépensa sans compter. Son entrée dans le grand monde impressionnerait, elle n'en doutait pas, les Camondo.

Allongée sur son lit recouvert de satin rose, dans le cadre un rien suranné de sa pension pour femmes seules, Hannah lisait tous les jours *Le Gaulois* afin de parfaire son éducation parisienne et d'être informée des événements mondains. Elle se délectait aux récits des soirées qui se déroulaient dans les résidences du faubourg Saint-Germain ou de la Plaine Monceau, surtout celles données par les Camondo. Manifestement,

Moïse et sa jeune épouse aimaient le faste. Irène avait dû hériter de sa mère, la comtesse Cahen d'Anvers, le goût pour les bals, les réceptions, la fréquentation des grands de ce monde – elle avait même accueilli, voici quelques années, le roi de Serbie !

Dans sa solitude, Hannah rêvait, telle une midinette, à cette sphère encore inaccessible. Pourrait-elle un jour y évoluer avec l'aisance d'Irène Cahen d'Anvers, qui avait à peu près le même âge qu'elle ?

Son père lui avait préparé un avenir radieux ; elle ne l'oubliait pas, elle lui devait tout. À l'issue de sa période d'apprentissage, elle contacterait les Camondo et, avec les faramineux moyens dont elle disposait, elle saurait faire plier Paris. Elle s'installerait place Vendôme et préparerait le retour de John Lewis qu'elle n'arrivait toujours pas à chasser de son esprit.

1900...

C'était une soirée organisée en son honneur, dans le magnifique hôtel des Camondo, rue de Monceau. En robe lilas de voile et de dentelle savamment drapée, créée pour elle par le jeune Paul Poiret, Hannah faisait son entrée dans le monde. Cheveux noirs relevés en chignon et surmontés d'une tiare en diamants, réalisée à partir du Nicham Iftikhar de son père, teint très pâle, yeux soulignés de khôl, la jeune fille fit une apparition très étudiée. Le menton légèrement en avant, elle avança à pas mesurés vers la maîtresse de maison, la comtesse Élise de Camondo, née Fernandez. Elle échangea quelques civilités avec la douce Turque qui ne parlait que le ladino, puis arriva ce moment qu'elle attendait depuis longtemps : Isaac s'inclina devant elle et baisa sa main.

Ses pensées la ramenèrent aussitôt des années en arrière, vers son père qui avait tant rêvé d'assister à un tel événement. La voyait-il, accrochée au bras d'Isaac qui lui présentait les invités rassemblés pour la rencontrer ?

Dans un état second, elle reconnaissait les noms qu'elle avait vus défiler dans les gazettes mondaines : Boni de Castellane, comtesse Greffulhe, baron Edmond de Rothschild... Lorsqu'elle s'éloignait d'un groupe, les remarques à son sujet fusaient et elle en saisissait des bribes : « Beaucoup de chic... allure... trop maigre... Un type pas trop juif, malgré le nez... Étrange... bizarre... On remarque à peine qu'elle boite... Quelle maîtrise d'elle-même ! »

Au léger tremblement de son bras, son mentor devina son inquiétude.

« Tout va bien, lui murmura-t-il entre ses grosses moustaches pour la rassurer. Vous réussissez votre examen de passage... Vous êtes adoptée. »

Moïse de Camondo l'accueillit lui aussi avec chaleur. Malgré son œil borgne dissimulé par un bandeau noir et sa haute stature un rien trop enveloppée, il avait beaucoup d'allure dans son habit. Poursuivant les civilités avec Isaac, il présenta à son tour Hannah à l'assistance, et d'abord à Irène, son épouse.

Celle que Renoir avait peinte enfant était le portrait de la Parisienne telle qu'on se l'imagine quand on vient de Tunis : jolie, vive, raffinée et spirituelle. La différence d'âge, le manque de fluidité et de connivence du couple frappèrent Hannah, pourtant bien ignorante en matière de relations conjugales. Vêtue d'une robe de style « princesse » en satin ivoire – sans doute un modèle de Worth –, Irène porta sur elle un regard où se mêlaient la sympathie et l'étonnement. De sa voix délicieuse et un peu perchée, elle lui déclara :

« Ma chère, nous aurons certainement l'occasion de nous revoir et j'espère que nous deviendrons amies. Votre tenue est tout à fait originale. Avez-vous donc déjà découvert un nouveau couturier ? Je me sens démodée auprès de vous. »

Les moustaches de son beau cousin Isaac se relevèrent dans un sourire. Il avait toujours eu un faible pour Irène, comprenait son ennui conjugal et secouait souvent Moïse pour qu'il participât davantage à la vie mondaine dont raffolait sa jeune épouse. Hannah comprit vite que, dans ce monde, faire semblant de se confier et multiplier les serments d'amitié vous permettait d'être adopté par le cercle des intimes...

Isaac la conduisit vers une banquette Louis-XVI et s'assit près d'elle.

« Je crois, ma chère, que vous avez fait grande impression, vous avez gagné la bataille ! Nous discuterons affaires un autre jour, mais il est urgent de trouver un endroit convenable pour vous loger. »

Pendant qu'il parlait, Hannah regardait défiler devant ses yeux tout ce que Paris comptait comme célébrités des arts, de la noblesse et de la finance.

« J'ai étudié tous les biens que vous a laissés votre père, l'estimable caïd duc Nessim Scemama... (Si son père avait seulement pu entendre ces mots prononcés par un Camondo, comme il aurait été fier, heureux, comblé !) et je crois que le plus approprié serait un hôtel, admirablement situé, place Malesherbes. Je l'ai visité dès que j'ai su que vous étiez à Paris. Il est parfait et vous pourrez en faire un vrai palais. »

Hannah, dans un geste qu'elle avait longuement étudié devant sa glace, ramena son voile lilas sur sa gorge et fixa son interlocuteur :

« Je vous remercie vraiment pour tout ce que vous faites et je suivrai vos conseils en tout point. Cependant, à la place

Malesherbes, je préfère la place Vendôme… Je possède là-bas quelques centaines de mètres carrés et c'est là que je m'installerai. »

Isaac de Camondo se racla la gorge, éclaircit sa voix et, visiblement gêné, lui répondit :

« Le problème, chère amie, c'est que cet hôtel de la place Vendôme est l'objet d'un litige. Son titre de propriété est revendiqué à la fois par ma famille et la vôtre.

– Non, objecta sereinement Hannah. Il appartient aux seuls Scemama et j'ai en ma possession tous les documents qui le prouvent… Donc, je m'installerai place Vendôme ! »

Par chance, sa voix qui, lorsqu'elle était intimidée ou impressionnée, vibrait légèrement, resta nette, presque coupante.

Isaac de Camondo l'observa longuement, plus peut-être que ne l'autorisait la bienséance. Cette jeune femme l'attirait et l'inquiétait en même temps. Jusqu'à présent, il n'avait désiré que des danseuses de l'Opéra, qu'il conviait à de joyeux soupers chez lui. On avançait même qu'il s'était établi rue Gluck, juste en face du palais Garnier, afin de satisfaire son goût immodéré pour les ballerines. Il avait eu pendant des années une liaison avec une certaine Mathilde Salle, qui n'exigeait pas le mariage mais des diamants, des diamants par tombereaux entiers qu'elle exhibait à la moindre occasion. Mathilde, ex-danseuse, avait été peinte par Degas et avait à maintes reprises prouvé à « son » Isaac sa discrétion. Il continuait de l'entretenir, mais depuis quelques années, elle avait été remplacée dans son cœur bien volage par une chanteuse d'art lyrique, de son vrai nom Lucie Bertrand, dite Lucy Berthet. Son jeu touchant et dramatique était apprécié de la critique et du public, surtout dans son interprétation du rôle de

Marguerite, dans *Faust*. Quant à Isaac, il semblait ne plus pouvoir se passer d'elle. Mais voilà : Lucy n'était pas de celles que l'on épouse, surtout quand on s'appelle Camondo. Tandis que cette duchesse Hannah Scemama…

Isaac était fort perturbé. Cette jeune femme allait-elle bousculer son confort de célibataire, ses habitudes de noctambule et de bambochard ? Il ne pouvait s'empêcher, en voyant Hannah évoluer entre Irène et Moïse, de se rappeler la promesse faite à son père Bohor sur son lit de mort : oui, un jour, il se marierait et donnerait une descendance aux Camondo.

1900…

L'immeuble de Hannah répondait en tout point à ses attentes. Les fenêtres de la pièce qui serait sa chambre, une fois les travaux terminés, s'ouvraient sur la place Vendôme. Hannah pourrait ainsi, sans même quitter son lit, observer les allées et venues devant l'hôtel *Ritz*, juste en face, et apercevoir quelques célébrités actuelles ou à venir, comme Marcel Proust, dont Isaac lui avait signalé l'originalité.

Avec Tina et deux autres femmes de chambre recommandées par Irène de Camondo, elle s'était installée dans ce qui n'était encore qu'un chantier. Elle désirait être sur place pour surveiller les travaux. Elle tenait secrets ses projets de décoration et répondait évasivement aux questions, en particulier celles d'Isaac :

« Vous avez engagé un grand architecte ? Quel style allez-vous donner à l'ensemble ? Voulez-vous des conseils ? des adresses ? »

Elle lui souriait… et changeait de sujet. Personne, avait-elle fait jurer à son personnel, personne ne devait pénétrer dans l'hôtel avant la soirée d'inauguration.

Les cheveux en bataille, ses vêtements protégés par un long tablier blanc, Hannah menait le chantier de main de maître, demandant la surélévation d'une voûte, l'arrondi d'une arche, la création de colonnes. Ses ouvriers la regardaient ahuris puis obtempéraient devant la justesse de son exigence. Avec tous ces hommes sous ses ordres, elle se croyait revenue à l'époque où elle dirigeait le port de Livourne et embarquait, cravache à la main, ses immondes cochons récalcitrants.

Elle saurait faire de ce joyau de la place Vendôme ce que John Lewis aurait souhaité, elle saurait répondre à ses désirs et parviendrait à captiver enfin cet homme mystérieux qui l'avait fuie et à qui elle pensait encore nuit et jour.

Chez Hannah, le rêve et la réalité n'étaient jamais éloignés l'un de l'autre et coexistaient même harmonieusement. Cette dualité lui permettait de partager ses pensées entre sa passion pour le peintre et l'amitié qui l'unissait aujourd'hui à Isaac de Camondo.

Isaac aimait se montrer dans Paris, avec cette étrange jeune femme de type oriental à son bras. Il avait tenu, ce jour-là, à lui faire visiter la salle du Louvre où était exposée la collection dont il avait fait don, à la condition que cette salle portât son nom. Les conciliabules avec les administrateurs du musée avaient duré de très longs mois, mais Isaac avait finalement emporté la décision. Les visiteurs pouvaient admirer, depuis trois ans déjà, les objets rares dont il s'était dessaisi, notamment des figures en bois du XIVe siècle, des masques du VIIIe siècle, des sculptures et une série d'estampes japonaises de Sharaku.

« J'ai l'intention de léguer un jour tous mes trésors au Louvre, y compris mes tableaux », annonça-t-il calmement à sa compagne ébahie.

S'autorisant de leur intimité grandissante, Hannah osa lui poser une question :

« Mais, Isaac, vous êtes encore jeune. Et si vous aviez des enfants ? »

Il la regarda longuement sans rien dire. Elle devinait une blessure chez le comte de Camondo. Allait-il enfin se livrer à elle ? Isaac semblait réfléchir, il caressait ses moustaches, puis il lui prit le bras.

« Venez, allons prendre le thé chez *Angelina.* »

Le nouveau salon de thé de la rue de Rivoli, aux délicates fresques et moulures, était rempli de femmes du monde, mais l'on trouva sans peine une table à l'écart pour eux. Aussitôt après avoir commandé des éclairs au café, Isaac, prêt à se décharger d'un poids trop lourd pour lui, se pencha vers Hannah :

« Ma chère amie, je vais vous confier un secret que je n'ai jamais révélé à personne. Voyez-vous, on me prend pour un bon vivant, un amateur de femmes… C'est vrai, mais j'ai aussi d'autres facettes. Au-delà de mon vernis social, de l'image du collectionneur, du fondateur de la Société des amis de l'Opéra, et maintenant du compositeur, il ne faut pas oublier que je suis juif, né à Istanbul dans une famille forte parce que très unie. Ma sœur chérie, Clarisse, poussée au désespoir par la conduite de son époux qui a fait une banqueroute frauduleuse, est aujourd'hui internée. Pour l'honneur du nom, nous avons réglé toutes les dettes, mais au prix de bien des sacrifices ! À Paris, peu font le lien entre ce désastre financier et la vente de notre hôtel au numéro 61 de la rue de Monceau. Cette demeure qui avait vu les derniers instants de mon père, ainsi que tout ce qu'elle contenait, a été vendue aux enchères... Vous m'imaginez, chère et tendre amie, être contraint, moi, de brader les bijoux ottomans et l'argenterie mamelouk dont ma mère était si fière, notre collection d'Extrême-Orient, le mobilier... bref, tout, de la cave au grenier. L'hôtel a été racheté par Gaston Menier, le fils du chocolatier qui a vite fait disparaître les initiales de mon père sur le médaillon du porche d'entrée pour y graver les siennes. Le déchirement, je dois le reconnaître, a été bien grand pour moi. »

Il en savait suffisamment sur la vie de Hannah pour continuer sur le même ton de la confidence.

« Mais je suis comme vous, même courbé par la tempête, je me redresse toujours, et je mène à présent l'existence que je souhaite. J'ai créé avec des amis, dont le prince Roland Bonaparte, le comte Greffulhe et Edmond de Rothschild, la Société des amis du Louvre. Et vous savez à quelle date je l'ai fondée ? Il y a trois ou quatre ans, en pleine affaire Dreyfus, moi, un Juif d'Istanbul ! »

Hannah rit franchement et se rappela la lettre où elle demandait à Isaac s'il était prudent pour elle de s'installer à Paris avec cette sale affaire.

« Et je continue... (Il riait lui aussi maintenant, et sa moustache portait des traces du chocolat chaud qu'il buvait). J'achète, j'achète ! Surtout des tableaux, notamment des Degas, le peintre des danseuses. »

Il esquiva le regard de sa compagne qui avait certainement entendu parler de ses bonnes fortunes au foyer de l'Opéra.

« Et aussi des Cézanne, des Monet. Les peintres et les marchands viennent chaque dimanche à la maison me présenter leurs œuvres. J'attends d'ailleurs quelques tableaux d'un peintre hollandais, Vincent Van Gogh. Il faudra me rendre visite, vous aussi, un dimanche où vous ne serez pas retenue par votre chantier. »

Isaac, suivi par sa voiture, raccompagna à pied Hannah jusqu'à son domicile qu'elle inaugurerait en grande pompe la semaine suivante. Arrivés place Vendôme, ils s'attardèrent quelques instants devant la galerie d'antiquités que venait d'installer Jacques Seligmann.

« Cet homme a un goût très sûr et sait dénicher de magnifiques objets. Comme je l'envie, soupira Isaac. Moïse est son fidèle client depuis des années. Savez-vous, chère amie, ajouta-t-il en s'arrêtant devant la vitrine du joaillier Boucheron, que la comtesse de Castiglione, qui fut la maîtresse de Napoléon III, a habité dans cet hôtel pendant près de vingt ans ! Quelle triste existence elle a eu, elle qui fut l'une des plus belles femmes de Paris. Imaginez qu'après la mort de son mari et celle de son fils, elle décida de ne sortir que la nuit et toujours vêtue de noir, pour des promenades solitaires au bois de Boulogne. Chez elle, tous les miroirs étaient voilés de crêpe noir. »

Un étrange pressentiment fit frissonner Hannah devant ce tragique destin de femme. Isaac, lui, se sentait oppressé à l'idée de quitter sa compagne. Lorsqu'elle serait confortablement installée dans son palais, courtisée par le tout-Paris, la verrait-il aussi souvent que maintenant ? Contre toute attente, il s'était attaché à la jeune Italienne jusqu'à envisager avec elle un lien solide et durable. Mais il attendait toujours le moment opportun pour se déclarer. Et Lucy, sa fidèle maîtresse, pouvait-il lui faire cet affront ? Il se donnait alors de bonnes raisons pour ne pas se sentir coupable, la meilleure étant que la chanteuse n'était pas de celles qu'on épouse, au contraire de Hannah ! Oui, c'est sûr, il lui demanderait bientôt de devenir sa femme.

Hannah était loin de se douter des pensées que son compagnon nourrissait à son égard. Certes, elle le trouvait délicieux, attentionné, cultivé et drôle, mais son cœur restait épris de John Lewis. Le matin même, elle avait reçu une missive de lui : il viendrait à Paris pour l'inauguration de son palais et il lui réservait une surprise.

1900, et après…

Sur les pavés de la place Vendôme, qu'une petite pluie faisait briller à la lueur des réverbères, un groupe de curieux s'attardaient devant la porte de Hannah. C'était le soir de sa première réception, sa première bataille mondaine : l'élite parisienne avait été conviée, notamment Sarah Bernhardt, Marcel Proust, les Rothschild, les Greffulhe et, bien sûr, les Camondo.

Les badauds levaient la tête vers les hautes croisées illuminées, où le luxe entrevu, l'élégance des silhouettes et la richesse des lustres et des tentures faisaient délirer les imaginations.

La maîtresse des lieux avait tout orchestré dans le moindre détail. Sous la voûte, d'énormes éventails de plume encadraient le perron devant lequel s'arrêtaient les équipages. Dès la première volée de l'escalier, le parti pris oriental surprenait les invités : sur les marches, des serviteurs noirs en pantalon rouge bouffant formaient une haie. Immobiles, grandis par les hautes aigrettes de leurs turbans et les talons de leurs bottes, ils étaient semblables à des statues. Derrière les balustres, des brûle-parfums répandaient des vapeurs d'encens et de résine. Sur le premier palier, cinq artistes, engagés au pavillon tunisien de l'Exposition universelle, en livrée verte rayée de noir, chantaient l'émouvante complainte traditionnelle, le *malouf* andalou, en s'accompagnant de tambours et de cithares.

Venait ensuite l'enfilade des salons et des rotondes, aux boiseries dorées et aux parquets étoilés. Chacun s'aperçut aussitôt de la luxueuse transformation que Hannah venait de faire subir à sa demeure : tout le décor Louis-XVI, les portes, les frises, les plafonds avaient été recouverts d'éléments orientaux. Les plafonds, semblables à ceux de l'Alhambra, présentaient des forêts de stalactites en stuc, richement éclairées par des lampes multicolores ; les murs étaient revêtus de percale lustrée imitant la céramique ; les meubles avaient cédé la place à une multitude de divans, poufs et tabourets rebrochés et perlés, incrustés de cabochons. Des lustres composés de verres de lampes égyptiennes – dans les petits salons, c'étaient des lampes mystérieuses – éclairaient le spectacle. Enfin, il n'y avait pas deux pièces décorées à l'identique, si bien que la curiosité et l'enchantement poussaient chacun à découvrir ce qu'il y avait plus loin, et que le mouvement ne cessait pas dans cette enfilade éblouissante. Partout flottait un parfum inoubliable, cette senteur d'ambre que peu de personnes présentes connaissaient.

Les invités, ébahis, poursuivaient leur périple exotique en l'assortissant de quelques commentaires :

« Avouons que tout cela ne manque pas d'allure !

– J'en conviens, voilà quelqu'un qui voit large !

– Il paraît qu'elle a pris ce parti d'orientalisme pour séduire un homme… un peintre anglais.

– Elle aurait englouti une fortune pour transformer cet hôtel, acheté par son père, un Juif véreux…

– Mais c'est un pléonasme, mon cher !

– J'ai entendu dire qu'elle était sur le point d'épouser Isaac de Camondo… »

Dans le grand salon d'apparat, le plafond représentait un ciel nocturne avec sa constellation d'étoiles. Partout des myrtes et d'autres arbustes jouaient avec des jets d'eau et des fontaines qui alimentaient un canal de marbre. Les flots coulaient en droite ligne à travers les salons, charriant des pétales de gardénias, de tubéreuses et de roses.

Dans des loges, parfois closes par des grilles dorées, plusieurs orchestres se relayaient pour interpréter la savante musique de l'Orient. Quelques personnes se risquaient à la danse, les hommes tournant, les femmes frémissant des hanches. Du reste, les habits noirs et les robes longues, les boas et les dentelles se prêtaient bien à ces mouvements, à la fois distants et voluptueux.

Des servantes, vêtues de blanc et voilées de mousseline, proposaient des sucreries, des sorbets, du café dans des gobelets de vermeil et du thé dans des verres peints. Pas un maître d'hôtel, aucun valet n'était visibles, seulement cet essaim de jeunes femmes souriantes, ce vol de fées et d'odalisques.

Les buffets n'offraient pas seulement ces viandes légères qu'accompagnent des raisins, ces pâtisseries où se mêlent, à la mode marocaine, la cannelle et le suc de viande, ces brochettes de crevettes comme à Carthage, ces pigeons poudrés de sucre et de pignons, façon cairote, mais également rôtis, gigots, volailles et jambons, mets habituels des soupers parisiens. Enfin, tous les plus grands vins étaient servis à profusion.

Étendue sur une chaise longue à l'antique, Hannah recevait les compliments de ses invités. D'énormes torsades de jasmin ornaient la pièce, dont on avait laissé visibles les panneaux d'albâtre et le pavement de Carrare. Vêtue d'un pantalon en toile d'argent bruni, son buste drapé dans une étoffe pourpre, elle présentait un visage émacié aux yeux fiévreux, qui achevaient de composer une image de puissance et de tristesse, de dignité sombre et pourtant sensuelle, qui intimidait et fascinait chacun.

À son côté, Tina nommait les arrivants à qui Hannah tendait sa main bien modelée, parée d'un seul petit serpent d'or et d'émail qui entourait le deuxième doigt jusqu'à la jointure. Il en fut ainsi pendant des heures, dans l'atmosphère recueillie de son sanctuaire assiégé par le tourbillon de la fête.

Hannah ne prêtait qu'une oreille distraite aux noms illustres annoncés. Elle attendait John Lewis, ne se lèverait qu'à son approche, et il n'arrivait pas… Elle entrevit dans son découragement Armand de La Fresnaye, son soupirant depuis son arrivée à Paris, qui conversait dans une embrasure avec l'élégant Boni de Castellane. Elle avait connu Armand à une fête chez les Rothschild. Il s'était, depuis ce jour, montré empressé, lui faisant une cour assidue, quoique discrète. Tous les matins, il déposait, place Vendôme, une branche de cattleya avec sa carte. Hannah lui avait à plusieurs reprises interdit tout espoir, mais il persévérait. Au reste, il avait de quoi tourner la tête à plus d'une femme, et Hannah, n'était sa funeste passion, aurait bien pu être séduite. Si elle ne mettait pas une volonté farouche à le décourager, c'était peut-être qu'elle savait, au fond d'elle-même, qu'il serait un dérivatif des plus acceptables au cas où John Lewis... C'était un très bel homme, avec sa fine moustache. Il portait comme personne la chemise blanche de Charvet, et il émanait de lui une distinction naturelle, toute de désinvolture et d'aisance.

Hannah, parfois, lançait un regard perdu vers Isaac, son ami si cher, posté à l'entrée d'un patio. Celui-ci se demandait avec inquiétude qui était l'homme qu'elle attendait avec tant de ferveur. Allait-elle lui échapper ? Il aurait dû, c'est certain, se déclarer plus tôt, lui demander de l'épouser, lui faire des enfants... Il pestait contre ses préjugés sur le mariage qui allaient lui faire perdre cette perle rare qu'était Hannah. Et cette demeure ! Nulle autre qu'elle n'aurait pu ainsi la transformer : de somptueuse, elle l'avait rendue extraordinaire ! Il ne s'attarda pas sur la pensée qui venait de lui traverser l'esprit, à savoir qu'il avait autant de droits qu'elle sur cette demeure.

Les yeux de Hannah s'attardaient maintenant sur Irène de Camondo, superbe dans sa robe de faille rubis. Arrivée au bras de son mari Moïse et escortée par le cousin Isaac, elle bavardait avec un certain Charles Sampieri, surnommé « le palefrenier », que certains prétendaient être son amant.

Mais Hannah, à cet instant, se moquait complètement de cette faune qui se pressait chez elle. Le jour pointait déjà et John Lewis n'était pas là. Quelques invités commençaient à prendre congé et le cœur de Hannah se serrait. « C'est un fiasco complet, j'ai fait des dépenses honteuses pour cet apparat qui ne me ressemble en rien, cette singerie orientale destinée à lui seul, et il n'est pas là ! Pourtant, je suis sûre que je l'aurais séduit ainsi vêtue… Tous ces mois de patience, d'efforts pour me façonner à son goût, et il n'est pas venu reconnaître l'ampleur de l'amour que je lui porte ! »

« Hannah, chuchota Tina à son oreille, pouvez-vous venir une seconde ?

– Bien sûr, ma chérie… »

Hannah se leva du sofa et prit affectueusement son amie par les épaules.

« Hannah… il arrive !

– Dieu ! Que faire ? Mon maquillage, ma tenue, suis-je présentable ? Vite, une glace ! Tout est en place ? Et le cadeau que je lui réserve : *Les Mille et Une Nuits,* traduit par le docteur Mardrus… Je cours à sa rencontre.

– Non, non, Hannah, attendez ! Je dois vous prévenir… »

Hannah ne lui laissa pas le temps d'achever, déjà elle s'élançait sans prendre garde aux voiles lamés or qui ondoyaient sur le sol. Et il était là, tranchant par sa force sereine sur cette société raffinée, presque efféminée, qui dansait encore.

« Quelle joie de vous revoir, mon amie… J'ai tenu à venir pour vous annoncer moi-même la grande nouvelle. Permettez-moi de vous présenter mon épouse, Diana. Nous nous sommes mariés il y a tout juste une semaine, à Londres, où votre invitation nous a rejoints.

– Bonsoir, Madame, je suis contente de vous accueillir à Paris », bredouilla la Livournaise.

Ses jambes se dérobaient. Elle planta ses ongles dans sa paume, pour reprendre ses esprits. Elle s'étonnait de respirer encore. Comment son cœur pouvait-il battre, où puisait-il la force de ne pas s'arrêter ? Elle voyait, comme dans un brouillard, la petite robe brune, sans coquetterie, de son insipide rivale, ses cheveux ternes, sa figure étroite et ingrate. Aveuglée par l'émotion, elle ne remarquait pas l'étonnement qui se peignait sur le visage de John Lewis, un sentiment où se mêlait peut-être le regret d'avoir ignoré la femme qu'elle allait devenir. Et si elle avait scruté plus attentivement l'autre, la médiocre triomphatrice, Hannah l'aurait vu se recroqueviller un peu plus que de raison. Mais elle ne pensait qu'à dissimuler son propre désarroi. La voix qu'elle avait tant de fois imaginée prononçant des mots d'amour, lui parvenait filtrée par le trouble qui l'agitait comme une tempête.

« Hannah, chère Hannah, je suis heureux de vous voir comblée de tant de grâces, de gloire et de beauté… »

Tina s'approcha et soutint son amie prête à défaillir :

« Hannah, je suis désolée de vous interrompre, mais vos invités vous réclament… Monsieur, dit-elle à John Lewis, vous retrouverez des connaissances de Livourne, notamment Leonetto Cappiello, dans le salon persan. On va vous y conduire.

Tina porta presque Hannah jusqu'à sa chambre, l'allongea, lui fit respirer des sels, écarta le narguilé encore fumant.

– Vous sentez-vous mieux ? »

Hannah fit signe que oui. Puis les larmes coulèrent sans retenue sur ses maigres joues.

« Pleurez, cela soulage. Les invités ne se doutent de rien. Lui-même n'a pas soupçonné votre trouble. Vous avez été admirable de fermeté et d'assurance, et si je n'avais pas su, je n'aurais rien décelé. »

Hannah pleurait et son khôl soigneusement appliqué faisait des sillons noirs sur ses joues poudrées.

« Pourquoi n'ai-je rien compris ? Je m'en suis tenue à ses affirmations, à ses divagations sur son idéal… J'ai travesti ma vie, j'ai déguisé mon âme pour ressembler à ce qu'il disait aimer... J'ai abandonné Livourne, mon passé, mes affaires, mes amis pour m'installer dans cette société parisienne toute d'apparence, ce milieu qui me convient si peu ! Quel rapport ai-je, moi, avec ces demi-mondaines, avec ces bourgeoises, avec ces nobles méprisants qui nous entourent ? J'ai reconstruit cet hôtel avec ce faste oriental qu'il recherche. Je ne suis pas sortie depuis des semaines pour vivre comme ces créatures de harem... J'ai joué le jeu jusqu'au bout, sans tricherie... et maintenant ! Comme mes intuitions ont été vaines ! Comme j'envie ces femmes, peut-être plus simples que moi, qui savent, sans complication, se conduire avec les autres, avec les hommes, avec le monde ! »

Tina, elle-même au bord des larmes, la secoua :

« Redressez-vous, séchez vos pleurs, ne vous laissez pas abattre ! John Lewis en a choisi une autre, mais lui, vous valait-il ? J'en doute, vraiment ! Allons rejoindre vos invités, montrez-leur votre indifférence et donnez par la même occasion une leçon à ce peintre stupide... qui a préféré cette Anglaise froide et sans saveur, quel imbécile !

– Merci d'être là, répondit doucement Hannah. Sans toi, j'aurais perdu pied. C'est vrai, je me dois à mes invités, ils n'ont pas à souffrir de ma déconvenue... »

Tina, heureuse de voir son amie réagir, prit de sa main gantée celle de Hannah et la conduisit vers les salons où quelques couples dansaient encore.

Un groupe, qui n'avait pas remarqué son retour, parlait un peu fort :

« On dit que son costume a été dessiné par un modéliste de Doucet, un jeune homme promis à un bel avenir, un certain Poiret...

– Bien sûr ! C'est lui qui a créé le fameux costume de Sarah Bernhardt pour *L'Aiglon*, ce costume blanc avec une écharpe nouée à la ceinture. Il a été l'élève de Worth.

– Je l'ai croisé dans un de ces innombrables salons orientaux, accompagné par sa jeune épouse. Ils viennent de se marier à l'église de La Madeleine. Il s'inspirerait beaucoup de sa femme pour ses modèles.

– Il paraît que notre hôtesse finance sa prochaine collection… Elle se prend quand même un peu pour la reine de Saba, non ?

– Que vous êtes méchant… et ingrat pour cette incomparable soirée ! Est-il vrai qu'elle n'est pas sortie de son palais depuis des semaines, afin de préparer cette réception ?

– Moi, j'ai entendu dire, intervint une femme en robe de dentelle noire, que cet hôtel ne lui appartenait pas ! Pas du tout ! Il serait en fait la propriété d'Irène de Camondo.

– Il y a toujours eu des rumeurs sur les demeures de la place Vendôme, répondit un homme au plastron bien empesé. C'est un emplacement tellement convoité.

– Irène, pourtant, affirme que… »

Hannah entendait comme en rêve ces commentaires…

Isaac de Camondo, la voyant un peu pâle, s'approcha et lui prit affectueusement le bras :

« Mon amie, mon amie, que vous arrive-t-il ? Puis-je vous être d'un quelconque secours ? »

Elle ramena son voile de mousseline mordorée sur son visage pour dissimuler les imperfections de son maquillage.

« Isaac ! Que ferais-je sans vous ? Je pensais que cette fête serait pour moi l'apothéose de ma vie parisienne, qu'elle effacerait mes chagrins d'orpheline et mes échecs, et voilà que…

– Je vous recommande une chose, mon Hannah. Méfiez-vous de Paris, de ses courtisans et de ses chasseurs de dot. »

Hannah suivit son regard. Il était fixé sur Armand de La Fresnaye.

1900 et après…

Isaac avait senti un grand découragement l'envahir à l'issue de cette soirée chez Hannah. Un malaise indéfinissable, un sentiment de perte, tout semblait lui glisser entre les doigts…

Que lui arrivait-il, était-ce les effets de l'âge ? Il avait cinquante ans et souffrait de la goutte, mais cela n'expliquait pas son immense lassitude, presque son désarroi. Quand il avançait dans ses réflexions, il finissait toujours par en revenir à Hannah. En un instant, il avait réalisé combien il s'était leurré à son sujet. Il avait cru qu'elle s'était attachée à lui, qu'ils pourraient former un couple bien assorti. Il s'en voulait, lui, l'homme à femmes, le séducteur, de s'être à ce point trompé, il n'avait rien compris à la jeune Italienne, il s'était comporté comme un gandin énamouré.

Il ne reprochait rien à Hannah, elle ne lui avait fait aucune avance, ne s'était pas comportée en allumeuse. Elle se contentait d'être là, de rire à ses bons mots, d'être intéressée par ses activités culturelles. Il avait deviné qu'elle était follement amoureuse, et avec toute sa fatuité, il avait cru que c'était de lui !

Il n'avait découvert son erreur qu'en voyant la scène se dérouler sous ses yeux : Hannah attendait depuis des heures cet artiste anglais, élégant et nonchalant, ses yeux lui avaient crié son amour, son corps était tendu vers lui, et puis, brusquement, tout en elle s'était cassé. Irrémédiablement. L'homme était accompagné de son épouse alors que Hannah, c'était évident, le croyait encore célibataire.

Camondo était à la fois triste pour son amie et pour lui-même. Elle seule aurait pu l'arracher à sa solitude, lui donner des héritiers et remplir enfin la promesse faite à son père sur son lit de mort.

Voilà maintenant qu'elle avait pris un amant ! Et pas n'importe qui ! Armand de La Fresnaye, ce viveur, ce jouisseur à la moralité plus que douteuse. Proche de Boni de Castellane, on le disait aussi antisémite que lui ! Hormis les courses, la chasse et les réceptions, il ne s'intéressait à rien d'autre qu'à sa petite personne prétentieuse. Qu'avait-elle pu lui trouver ? Une voix intérieure lui soufflait alors : il se trouvait là au moment où Hannah avait le plus besoin d'être aimée et consolée. Isaac prit finalement la décision de continuer à voir son amie et de faire comme s'il ignorait l'existence de John Lewis et de La Fresnaye.

Il sortit de son abattement quelques mois plus tard. Après tout, si l'Italienne menait sa vie comme bon lui semblait, il ferait de même. D'ailleurs, dans une certaine mesure, l'attitude de Hannah l'arrangeait, il avait suffisamment de soucis avec la famille de son cousin pour ne pas commettre l'impair d'en fonder une à son tour. Le mariage de Moïse et d'Irène était sur le point de voler en éclats, et l'on parlait même de rupture, voire de divorce. Il allait devoir affronter cette épreuve en prouvant son attachement à Moïse, tout en restant proche de son amie Irène. Dieu! que la vie était compliquée!

Heureusement, Isaac avait plusieurs passions, dont une pour la musique. Conseillé par son professeur Gaston Salvayre, il composait tous les jours, et on disait qu'il avait une grande soif de reconnaissance. Avec Léo Delibes, Isaac s'employait à faire découvrir le génie de Wagner aux Français, qui repoussaient tout ce qui était allemand depuis la guerre de 1870. Accompagné du jeune compositeur français, il s'était rendu plusieurs fois à Bayreuth, le temple de la musique wagnérienne, qui avait été inauguré en 1876 par Louis II de Bavière. Son choc, en entendant *Parsifal*, avait été intense. Pour se détendre après cette émotion excessive, il avait proposé à ses compagnons de voyage de continuer leur escapade jusqu'à Istanbul, sa ville natale. Et, bien sûr, ils embarquèrent à Vienne dans le plus beau, le plus luxueux des trains : l'*Orient-Express*. Créé quelques années plus tôt, il traversait l'Europe, avec à son bord une clientèle de célébrités et de riches inconnus qui paressait entre les cabines aux marqueteries de bois précieux et les voitures-restaurants où scintillaient les services de Baccarat.

C'est avec une grande fébrilité qu'Isaac montra les trésors de sa ville à ses amis. Lui-même redécouvrait les loukoums dont raffolait sa mère Régina, les beignets au miel dont le gavait Clara, les couchers de soleil sur Topkapi, les odeurs du Bosphore. Pour couronner leur séjour, il organisa dans le kiosque de son *yali* de Yeniköy une audition du *Lakmé* de Delibes, œuvre encore inachevée mais fortement applaudie par des centaines d'invités, couchés dans des caïques, au pied de l'orchestre.

Si la composition musicale aida Isaac à surmonter la dépression dans laquelle l'avait plongé la conduite de Hannah, c'est la présence de sa maîtresse Lucy Berthet qui le sauva. La cantatrice, douce et charmante, lui rappelait un peu les femmes de sa famille, ces femmes turques à la fois présentes et discrètes. Et quand elle lui annonça, un soir où il lui rendait visite, qu'elle attendait un heureux événement, Isaac de Camondo, transporté de joie, reprit instantanément goût à la vie.

1900 et après...

Ce fut donc dans les bras d'Armand de La Fresnaye que Hannah descendit au fond d'elle-même. Lui, habitué aux conquêtes faciles, aux femmes achetées, ne s'aperçut même pas du don que lui faisait sa maîtresse. C'était un de ces hommes qui ne dépassent jamais les apparences. Il ne pouvait imaginer que Hannah, à vingt-cinq ans et disposant d'une telle fortune, puisse être encore intacte. Et elle avait su feindre, dès la première nuit, cette nuit où son cœur s'était brisé sur la trahison de Lewis. Armand prit ses sanglots pour du plaisir, ses cris de rage pour l'extase, alors qu'elle accomplissait, dans le désespoir de son amour mort, le rite du simulacre. Elle distillait à cet amant qu'elle méprisait les gestes appris dans le secret de ses nuits solitaires. Les senteurs des brûle-parfums mêlées à l'odeur funèbre des tubéreuses l'aidaient, dans l'obscurité, à imaginer un autre corps sur le sien, d'autres lèvres posées sur ses seins. Elle s'humiliait dans cet acte sans amour, nu de toute illusion. Salie par le triomphe facile d'Armand, elle fut encore plus dégradée par son victorieux : « C'est vrai, les Juives sont les meilleures maîtresses du monde. » Dans la matinée, elle le pria de la laisser, prétextant une fatigue que, sûr de lui, il estimait justifiée. Enfin seule, elle pleura sur la fin de tous ses rêves.

La trahison de John Lewis – ou ce qu'elle nommait ainsi – avait plongé Hannah dans le désarroi : écartelée entre l'éveil de ses sens et son amour perdu, elle éprouvait le dégoût d'elle-même et s'abîmait de son plein gré dans cette relation, comme pour se punir. Elle détestait Armand, mais ses caresses, ses talents physiques lui étaient indispensables. Elle en arrivait à se dédoubler : son cœur appelait Lewis, son corps, cet Armand méprisé.

La fidèle Tina avait vu cette liaison comme le seul moyen de sauver du désespoir sa maîtresse qu'elle chérissait. Elle l'avait donc encouragée : « Il est très connu à Paris, laissez-le vous aider à devenir une des reines de la capitale, à asseoir votre réputation. Prenez cette aventure à la légère et amusez-vous de monsieur de La Fresnaye. »

L'amertume qui rongeait l'âme de Hannah était perceptible, presque palpable. « Jamais, pensait Tina, jamais elle ne pourra oublier l'affront de l'Anglais ni l'effacer de son cœur. »

La jeune femme faisait certes des efforts en ce sens. Cependant, elle continuait de perfectionner le personnage de mystérieuse orientale qu'elle avait commencé à forger pour lui plaire. Elle ne sortait plus de son palais, déambulait, vêtue des costumes-sarouels dessinés par Poiret, dans les salons où brûlait l'encens, et attendait, telle une esclave de harem, son amant.

Le nobliau se comportait en maître, place Vendôme. Il arrivait en fin d'après-midi, après avoir déposé sa carte dans plusieurs maisons amies. Suivi de son fidèle secrétaire Pierre Dhuit, il tapotait la joue des femmes de chambre vêtues de pantalons bouffants et de tuniques de mousseline rouge. Il allait rejoindre Hannah dans son boudoir, une pièce au jour tamisé, entièrement garnie de gravures érotiques turques. Elle, toujours allongée, fumait son narguilé, régulièrement alimenté en tabac par Tina, et lui tendait sa main ornée d'une bague représentant une panthère en or aux yeux de rubis.

À l'aube, Armand de La Fresnaye trouvait sur la table de chevet quelques pièces d'or pour jouer au poker, une montre de gousset de chez Cartier, un petit tableau de Boucher qu'il s'empressait de vendre, ou une perle de cravate. Satisfait de lui-même, il avait glissé à sa maîtresse :

« Tu sais comment te surnomme Paris maintenant ? La Sultane. »

Se reposant ce jour-là dans son boudoir persan, Hannah eut la surprise de lire sur la carte que venait de lui remettre sa femme de chambre : « Comtesse Moïse de Camondo ».

Irène ? Irène chez elle ! Hannah vérifia sa coiffure, sa mise, et cria : « Vite, vite, faites-la entrer. »

Dressée dans ses vaporeux voiles de mousseline, elle alla à la rencontre de la visiteuse. Les deux femmes s'embrassèrent avant de s'installer sur un canapé couvert de brocart, leurs jambes repliées sous elles.

« Quel bonheur de vous revoir, Irène. Je pense à vous très souvent. »

Hannah entendit sa voix haut perchée, peu naturelle. Était-elle intimidée par la jeune comtesse, impeccable dans son ensemble de drap gris souligné par des perles de jais ? Celle-ci pourtant baissait les yeux et semblait embarrassée.

« Quelque chose ne va pas, Irène? Puis-je vous aider ?

– À vrai dire, commença Irène, encore hésitante, j'ai surtout besoin de parler. À une femme comme vous, indépendante, qui dirige sa vie comme un homme, sans se soucier du qu'en dira-t-on…

– C'est que je n'ai personne à protéger, ni à qui rendre des comptes, ce qui est parfois un peu triste. Il m'est arrivé de souhaiter avoir des garde-fous, mais mon existence est ainsi faite. Alors dites-moi, Irène, comment va Moïse ? »

La jeune femme détourna son regard bleu et fixa à nouveau le tapis persan dont le dessin représentait des gazelles et des pigeons :

« Plutôt mal… (Les larmes lui montèrent aux yeux.) Comment vous expliquer… »

Puis elle se libéra, soulagée de pouvoir enfin s'épancher :

« Moïse, chère Hannah, je l'aime bien, mais je m'ennuie tellement avec lui. Je ne sais jamais quoi lui dire, il ne pense qu'à son travail et à ses œuvres de bienfaisance. Je suis peut-être superficielle, frivole, mais je ne peux aller contre ma vraie nature. C'est un très bon père, il se dévoue entièrement à nos enfants, Nissim et Béatrice, je n'ai vraiment rien à lui reprocher. Rien si ce n'est que je ne l'aime pas. »

Hannah se gardait bien d'interrompre les confidences d'Irène. « Elle restera jusqu'à la fin une Cahen d'Anvers, pensa-t-elle, elle n'a jamais réellement intégré le clan des Camondo. »

– Mes parents recevaient sans arrêt. Chez eux, régnait une atmosphère gaie, ouverte, accueillante. Avec Moïse, tout est fixé et il n'a que le mot "devoir" à la bouche, même quand il s'agit d'organiser une chasse ! Et puis… (Elle fit une courte pause et ses joues s'empourprèrent légèrement.) Et puis, mon cœur est maintenant pris ailleurs. Vous avez peut-être entendu parler de mon attachement ? »

Hannah ne dissimula pas, tout Paris bruissait des frasques d'Irène.

« Je ne sors plus de mon palais depuis longtemps, mais j'ai appris en effet que…

– Que j'avais une liaison. Oui, cria presque Irène, j'ai une liaison avec un homme que j'aime, le comte Charles Sampieri. Il est italien et très beau. Il m'aime et il m'a ouvert les yeux sur ma vie qui n'était qu'une suite d'ennuis et d'obligations. Je n'ai que vingt-neuf ans, et Moïse, il faut bien l'admettre, est un vieux barbon… Ah ! que le diable l'emporte ! Je voulais me confier à vous, chère Hannah, parce que je sais que vous ne me condamnerez pas. Votre liberté d'esprit est citée en exemple par toutes les femmes confrontées à la même expérience que moi.

– Et que comptez-vous faire ? demanda l'Italienne intriguée.

– Divorcer, bien sûr, et emmener les enfants ! Les enfants doivent toujours rester avec leur mère, non ?

Hannah se garda bien de répondre ni d'émettre le moindre jugement, car elle se trouvait elle-même dans une situation peu conforme à la morale. Cette Irène, à peine plus âgée qu'elle, lui semblait avoir été plutôt gâtée par la vie. Cela ne l'empêchait pas, pourtant, de tout piétiner pour obtenir davantage de bonheur encore.

« Et Isaac, se contenta-t-elle d'ajouter, comment va-t-il ? »

Irène se redressa et, comme piquée, lui lança avec acidité :

« Il n'est pas bien depuis que vous l'avez quitté, il pense que vous l'avez mené en bateau ! Y avait-il donc quelque chose entre vous ? »

Stupéfaite par le changement de ton de sa visiteuse, Hannah ne sut que bredouiller :

« Mais, non, jamais ! Je lui écrirai dès votre départ, il doit s'agir d'un malentendu, d'une méprise… »

Irène continua, presque agressive :

« Je suis sûre qu'il voulait vous épouser… Mais vous vous êtes jouée de ses sentiments pour l'amadouer, pour éviter qu'il ne vous conteste la propriété de cet hôtel. Cet hôtel de la place Vendôme, j'en ai rêvé… Peut-être même n'ai-je accepté d'épouser Moïse que pour en être la maîtresse ! Allez, vous pouvez bien avouer, je ne suis plus Camondo à présent, et la place Vendôme ne m'appartiendra donc jamais ! »

1900 et après…

Isaac n'avait pu résister longtemps à l'invitation de Hannah qui, dans une lettre charmante, le priait de lui rendre visite. Depuis l'entrée d'Armand de La Fresnaye dans sa vie, il ne l'avait aperçue qu'au milieu d'une cour composée de ce qu'il trouvait de pire à Paris : aristocrates factices ou désargentés, coureurs de dot et de jupons, femmes du demi-monde. Pas une seule fois, il n'avait pu la voir seule. Leurs captivantes conversations lui manquaient, ainsi que l'intérêt qu'elle prenait à sa composition musicale, car, sans être musicienne, elle avait l'oreille fine et savait d'un mot rectifier son inspiration parfois trop foisonnante.

Il était donc heureux comme un jeune homme en franchissant le seuil du palais de l'Orientale, ainsi qu'on appelait maintenant l'hôtel de la place Vendôme.

Il trouva son amie à demi allongée sur un sofa, dans son costume de sultane. Leurs effusions montraient à quel point ils s'aimaient et comme ils étaient faits pour s'entendre…

« Ma chère, commença Camondo, je ne peux vous dire combien vous m'avez manqué. Que d'événements depuis votre fabuleuse fête… À propos, savez-vous que Lucien Guitry et son fils Sacha souhaitent quitter l'appartement qu'ils louent au numéro 26 de la place Vendôme ? Vous perdrez d'intéressants voisins lorsqu'ils déménageront.

– Il est vrai, mais si je vous ai demandé de venir aujourd'hui, cher Isaac, c'est pour parler d'Irène. Ce que l'on raconte est-il vrai ? »

Il hocha la tête et sa moustache sembla retomber sur son double menton.

« Hélas oui ! Elle n'a même pas voulu s'entendre à l'amiable avec Moïse. Elle a carrément demandé le divorce. Avec deux enfants, vous rendez-vous compte du choc pour mon cousin ? »

Hannah cacha à son ami la visite de sa cousine et ses désagréables allusions à l'hôtel de la place Vendôme.

« Elle est envoûtée à ce point par ce Charles Sampieri ? Il s'occupait de leurs chevaux, non ? demanda-t-elle.

– Il est extrêmement séduisant, assura Isaac, il possède ce genre de beauté auquel les femmes ne résistent pas. Et puis, elle reprochait à Moïse de ne l'avoir pas installée dans l'hôtel de la rue de Monceau, celui où vit ma tante, ou dans un autre hôtel encore mieux situé, ajouta-t-il avec une extrême prudence… Madame, voyez-vous, a le goût des grandeurs. C'est bien le moins pour une Cahen d'Anvers ! » ajouta-t-il avec une nuance de mépris dans la voix.

Un silence s'installa, le litige concernant le palais occupé par Hannah et l'ombre d'Armand de La Fresnaye traversèrent leurs esprits.

« Mon ami, avoua Hannah pour mettre sa conscience en paix, ne croyez pas que je sois amoureuse du monsieur à qui vous pensez. Il m'a simplement aidée à libérer mon cœur, désormais disponible…

– Hannah, ma petite Hannah… Que ne me l'avez-vous dit plus tôt. »

Isaac murmura ces mots plus pour lui-même que pour être entendu par sa compagne. Il regrettait le temps perdu, le temps gâché entre eux, maintenant irrattrapable. Hannah le regardait, attendrie. Si elle n'avait pas vécu dans son mirage, avec l'image de John Lewis, peut-être aurait-elle été davantage à l'écoute d'Isaac, peut-être même l'aurait-elle épousé, accomplissant ainsi le vœu le plus cher de son père… Aujourd'hui, ce n'était plus possible et toutes ces hypothèses appartenaient au passé. Sans arrière-pensée, elle demanda quand même à Isaac :

« Cher Isaac, croyez-vous que nous aurions pu faire un bout de chemin ensemble ? »

Il lui prit la main, la baisa avec une affection, une douceur levantine.

Lorsqu'il se redressa, Hannah comprit à son regard devenu vif qu'elle avait, une fois de plus, laissé passer sa chance.

« Ma douce Hannah, certaines choses sont encore permises, n'est-ce pas, entre deux célibataires tels que nous. Votre personnalité, votre personne m'ont toujours séduit, pourquoi le nier ? Et je dois vous faire une confidence : quand je vous vois, dans vos caftans brodés et vos tenues d'un autre temps, d'un autre monde, je ne peux m'empêcher de penser aux femmes Camondo, oui, vous êtes leur sœur, leur fille… J'ai une vieille photo de Clara, mon arrière-grand-mère. Figurez-vous qu'elle porte le même habit que vous, bordé de vison.

Il y a un ou deux ans, vous auriez même pu appartenir à cette famille. Mais maintenant… »

Craignant d'avoir blessé Hannah par ces allusions à sa conduite – qu'il ne pouvait s'empêcher de juger immorale pour une femme de sa classe –, il chercha d'autres arguments pour expliquer son refus d'un mariage.

« Hannah, vous connaissez, bien sûr, comme tout Paris, ma liaison, depuis presque dix ans, avec la cantatrice Lucy Berthet. Elle vient de me donner un garçon et est à nouveau enceinte. »

À l'évocation de sa paternité, son visage s'était éclairé. Hannah en éprouva de la jalousie, mais s'en voulut aussitôt de sa mesquinerie. Elle réalisait qu'elle avait perdu à tout jamais l'homme qui aurait pu être le mari idéal. Au lieu de rechercher simplement le bonheur, elle avait gâché sa jeunesse à le poursuivre d'un rêve absurde, elle avait couru après un mirage, puis s'était enlisée dans des sables mouvants. Ses plus belles années étaient derrière elle. En écoutant Isaac, elle réalisait qu'elle n'avait jamais eu une vraie vie de jeune fille, et pire, qu'elle lui manquerait toujours, quelque orientation que pourrait prendre son destin. À Livourne comme à Paris, elle avait dû affronter l'adversité, mais les événements n'avaient pas seuls décidé de sa conduite, son caractère aussi, et elle ne pouvait en changer.

Le désarroi de Hannah devait être perceptible car Isaac, visiblement ému, enchaîna :

« Vous seule, chère Hannah, auriez pu m'arracher au célibat. Lucy sait que je ne l'épouserai jamais…

– Mais, vos enfants ? Vous allez les reconnaître au moins ? »

Il répondit par un geste fataliste de la main qui signifiait qu'il jugeait la chose impossible.

« N'oubliez pas, ma douce amie, que seuls les enfants nés de mère juive sont considérés comme juifs. »

Scandalisée, elle ne put cacher sa colère et lui jeta :

« Mais ces enfants sont de votre sang ! Il vous faut les reconnaître ! »

Malgré sa colère contre son étroitesse d'esprit, Hannah ne put s'empêcher de penser que, pour Isaac, elle aurait été non seulement la femme, mais aussi la mère idéale, puisque juive ! Hannah regrettait doublement son aveuglement. Elle se rappelait qu'aux premiers temps de son installation à Paris, elle avait souvent rendu visite à la comtesse Élise de Camondo, la tante d'Isaac. À cette époque, elle souhaitait en apprendre davantage sur cette famille, et un possible rapprochement lui avait sans doute effleuré l'esprit. Hannah prenait plaisir à ces après-midi crépusculaires en compagnie de la vieille dame turque, et elle se demandait parfois si, à travers elle, elle ne recherchait pas la mère qu'elle n'avait jamais connue. Isaac la tira de ses réflexions en reprenant la conversation :

« Rassurez-vous. Je ne me déroberai pas à mes obligations de père. Je passe les voir tous les soirs, et ils ne manqueront jamais de quoi que ce soit. Je n'ai d'ailleurs rien à me reprocher, les choses ayant été très claires avec leur mère au départ. Mais l'échec des mariages de Moïse et de ma pauvre sœur Clarisse m'a dégoûté à tout jamais de cette "noble" institution. Et à plus de cinquante ans, un homme doit vivre pour lui-même ! J'ai liquidé toutes mes affaires à Istanbul, toutes mes obligations bancaires. Maintenant, comme vous d'ailleurs, je peux ne faire que ce qu'il me plaît. Je veux acheter toutes les œuvres que je désire et composer, composer, encore composer ! »

1903…

Un monocle noir cachant son œil perdu, Moïse semblait plus sinistre que jamais. Pour l'heure, il jugeait sa situation désespérée. À quarante-trois ans, il se retrouvait seul et à son sentiment d'abandon s'ajoutait celui d'une profonde injustice. Cette Irène Cahen d'Anvers l'avait couvert de ridicule. Quand il recevait dans sa somptueuse villa, récemment acquise en bordure de la forêt de Senlis, il devinait que ses invités le plaignaient, ce qu'il détestait par-dessus tout.

Non seulement Irène avait exigé le divorce, s'était aussitôt remariée avec son amant, Charles Sampieri, mais également, et cela Moïse ne pouvait le tolérer, elle avait abjuré sa foi et était devenue catholique ! Une Cahen d'Anvers, ex-épouse Camondo, catholique, c'était vraiment un comble !

Pour faciliter leur séparation, il s'était pourtant plié à ses diktats. Sa nationalité italienne ne lui autorisant pas le divorce, Moïse s'était fait naturaliser Français, mais la conversion d'Irène, c'était la goutte d'eau qui avait fait déborder le vase.

Il ne supportait pas que ses enfants – son fils Nissim, qui allait bientôt faire sa bar-mitsva, et Béatrice, sa fille de neuf ans – soient écartelés entre leurs parents…

Indigné par ce qu'il considérait être un blasphème, Moïse mit tout en œuvre pour obtenir leur garde. Il eut gain de cause et Irène dut se contenter d'un droit de visite très réglementé. Les pauvres enfants adoraient bien sûr leur mère volage et ils souffraient de la situation, malgré l'amour dont les entourait leur père.

Beaucoup incitaient Moïse à se remarier, surtout des femmes encore célibataires ou veuves, alléchées par ce très beau parti. Mais choqué par la manière dont Irène l'avait bafoué, Moïse mettait fin rapidement à toute tentative, en repoussant leurs avances avec froideur.

Avec son cousin Isaac, qu'il considérait comme un frère, il s'épanchait parfois :

« Irène m'a dégoûté à jamais du mariage, lui confiait-il. Son attitude m'a profondément blessé, blessé à vie. Heureusement, j'ai deux enfants adorables, et Nissim saura porter haut le flambeau des Camondo. »

Moïse se réfugiait dans ses affaires et ses activités philanthropiques, il usait de son influence afin d'obtenir des faveurs pour les plus démunis. Comme Isaac, il s'occupait également d'enrichir sa fabuleuse collection de meubles, d'objets anciens et de tableaux.

Isaac, lui, se consacrait presque entièrement à la musique. Il composait à Paris comme à Karlsbad, où il faisait de fréquents séjours pour soigner son foie – il était si gourmand –, ses bronchites et tous les maux qui frappent un homme trop bon vivant. Un piano était installé en permanence dans sa suite du *Grand Hôtel Pupp*, où il composa une vingtaine d'œuvres qui mettaient en musique les poèmes d'amis.

De retour dans la capitale française, il rendait visite presque chaque soir à la Sultane de la place Vendôme – avant l'arrivée d'Armand de La Fresnaye. Il se confiait à elle sans fard, et leur intimité était devenue une douce habitude.

« Hannah, la supplia-t-il ce soir-là, rompez votre vœu de réclusion et venez assister au concert que nous donnons à la salle Érard. Avec mes amis poètes, qui sont liés au groupe impressionniste, nous avons mis au point une sorte d'expérimentation artistique. Ma chère Hannah, votre présence me comblerait. Outre les journalistes, nous avons convié Claude Debussy, Gabriel Astruc et les Erlanger. Lucy Berthet, ma compagne, chantera trois de mes mélodies. Votre absence gâcherait vraiment cette soirée, si importante pour moi. Je suis sincère en vous disant cela. De plus, mon cousin Moïse sera là, il me demande souvent de vos nouvelles », ajouta-t-il mine de rien, en consultant sa montre de gousset.

Hannah, à vingt-sept ans, avait perdu la fraîcheur de son teint et elle devait dissimuler sa silhouette anguleuse par d'abondants drapés. Ses seuls attraits féminins étaient ses immenses yeux noirs, encore agrandis par le khôl, et sa bouche aux lèvres pleines qu'Isaac avait toujours trouvées attirantes. Elle sourit en entendant les propos de son vieil ami. Lui-même s'était dérobé au mariage, mais il ne refuserait pas que son cousin fasse entrer Hannah dans la famille.

« Comment se remet ce bon Moïse des affronts d'Irène, demanda-t-elle, en feignant de n'avoir pas compris le vrai motif de son invitation.

– Couci-couça… Il évite les mondanités qui, soit dit en passant, le barbent, et il se dévoue entièrement à ses enfants. C'est également pour eux qu'il continue d'acheter des antiquités. Il leur laissera une collection extraordinaire.

– Élise, sa mère, est-elle toujours en bonne santé ?

– Bien sûr, et vous imaginez comment cette brave femme qui a grandi à Istanbul nous juge, son fils et moi ! Célibat, divorce, conversion sont de monstrueux péchés pour elle ! Mais qu'y pouvons-nous ? Il faut vivre avec son temps, n'est-ce pas…

– Isaac, je sais que vous ne vous intéressez plus à la banque ni aux affaires, lui dit Hannah en se rapprochant, vous êtes tellement pris par vos activités musicales. Mais j'ai un grand projet en tête et je désirerais m'en entretenir avec Moïse. Croyez-vous qu'il pourrait me rendre visite ? »

Isaac acquiesça d'un hochement de tête.

Cette fois, Hannah ne laisserait pas passer sa chance de devenir la comtesse de Camondo.

1904...

La visite de Moïse fut plusieurs fois remise. Les semaines, les mois passaient sans qu'elle y prît garde. À l'intérieur du palais de la place Vendôme, le temps était comme figé dans une morne répétition.

Ce jour-là, lorsqu'elle aperçut par les hautes fenêtres de sa chambre Marcel Proust qui sortait du Ritz, vêtu d'une pelisse à col de fourrure, elle douta même de la saison. Elle entrouvrit la croisée et laissa un instant l'air brûlant de l'été lui caresser le visage. Puis elle appela Tina pour ses soins du matin. Sa fidèle suivante l'épilait selon d'anciennes recettes, avec du sucre fondu coulé en pâte cireuse... Elle la massait avec de l'essence de tubéreuses et de roses. Elle la fardait, la parfumait, l'habillait à la mode du Levant, drapant sur elle voiles et turbans. Hannah changeait de costume à chaque visite de son amant, quittant le lamé pour le brocart, le satin pour la gaze. La forme en était pourtant chaque fois identique : une jupe sur un sarouel resserré aux chevilles, et un bustier largement décolleté. Paul Poiret, le couturier attitré de Hannah, était devenu entre-temps la coqueluche du tout-Paris. Il avait récemment révolutionné la mode en supprimant pour sa dernière collection le corset qui emprisonnait les femmes dans un carcan ! Sa nouvelle boutique, rue Pasquier, ne désemplissait pas. Poiret, sachant ce qu'il devait à Hannah, se faisait un devoir de venir en personne surveiller les essayages à son domicile. Ce soir-là, elle attendait son amant avec une impatience peu coutumière. À peine arrivé, et après avoir baisé la main de sa maîtresse, Armand s'affala avec désinvolture sur les coussins couverts de peaux de bêtes.

« Ma chère, Boni a donné hier une fête absolument fastueuse dans son palais de marbre rose de l'avenue du Bois. Les deux cent cinquante invités étaient déguisés en fleurs : la duchesse d'Uzès en œillet rouge, la duchesse de Luynes en œillet blanc, Montpensier en soleil. Mais on devine que le compte en banque de ce cher Boni n'est plus aussi bien fourni, depuis sa séparation d'avec sa riche épouse, Anna Gould. Tout à fait entre nous, cette fête ne valait en rien celle donnée au Tir-aux-pigeons : quand je pense qu'il y avait déroulé quinze kilomètres de tapis rouge pour que ses belles invitées ne mouillent pas leurs pieds dans la rosée… que six cents valets circulaient en livrée rouge, que quatre-vingt mille lanternes vénitiennes éclairaient le lac et que…

– Je sais, coupa sèchement Hannah, je connais les exploits de votre ami. On m'a dit qu'il partait pour New York ?

– Comment faites-vous pour tout savoir, vous qui refusez obstinément de sortir, comme si vous portiez le deuil depuis des années ? Oui, Castellane est parti avec une garde-robe époustouflante, des paletots couleur chevreuil, doublés de soie verte, de larges pantalons sans pli… Il se lance, figurez-vous, dans le commerce du meuble ancien et veut vendre aux Américains, aussi friands de notre passé que de nos particules, du Louis-XVI.

– Quelle bonne idée, ricana sa maîtresse, peut-être devriez-vous vous aussi envisager de travailler, cher Armand ?

– Si nous nous mettons à commercer, nous ! »

L'homme ne put empêcher un sourire narquois de se dessiner sur ses lèvres.

« J'achève votre phrase comme d'habitude, mon ami. Oui : que feront alors les Juifs et les Américains ? Mais voyons, des mariages d'amour, naturellement, avec des nobles du faubourg Saint-Germain !

– Hannah, n'ironisez pas et ne me faites pas languir. Vous savez que je veux que vous soyez ma femme. »

Elle haussa les épaules devant les enfantillages de son amant.

« À propos, ajouta-t-il aussitôt en se regardant dans la glace, que pensez-vous de ce plastron de satin noir ? Je l'ai commandé chez Charvet. Paul Deschanel a, dit-on, le même. »

Hannah ne répondit pas. Elle s'en voulait de discuter de choses aussi vaines avec lui. Plusieurs fois, elle lui avait suggéré d'aller au Grand Palais pour admirer l'exposition des peintres orientalistes français et trouver quelques toiles pour orner ses salons. Mais Armand avait toujours un thé, une soirée chez *Maxim's*, un rendez-vous chez son tailleur qui l'en empêchaient. Il n'avait même pas assisté à la première représentation de *Pelléas et Mélisande*, le drame de Debussy, sur une pièce de Maeterlinck, qui avait fait courir le tout-Paris artistique, intellectuel et mondain. Elle-même, pour l'occasion, avait envisagé un moment de rompre son légendaire enfermement et de sortir enfin. (Isaac l'avait d'ailleurs suppliée de l'y accompagner.) Mais, non, rien n'intéressait Armand.

Hannah se méprisait plus qu'elle ne méprisait son amant. Elle avait entendu dire qu'il se pavanait partout en pérorant : « J'investis... j'investis. Cette race rapporte gros. Héritières juives ou américaines, elles sont bonnes à redorer nos blasons ruinés. »

L'Italienne semblait pourtant enfin sortir de la torpeur où l'avait plongée, voici maintenant des années, la perte de son premier amour. Elle avait donc décidé de se ressaisir, encouragée par la tendre insistance d'Isaac de Camondo. L'événement déterminant fut la vente d'un deuxième immeuble sur le boulevard Haussmann, à laquelle elle se vit contrainte. Le secrétaire d'Armand, Pierre Dhuit, s'occupait également des affaires financières de Hannah : il lui avait fortement recommandé d'arrêter l'hémorragie provoquée par son installation place Vendôme, ses fêtes, ses tenues et, bien sûr, Armand. Elle comprit qu'elle était en train de dilapider sa fortune, et les leçons de son père lui revinrent en mémoire : il faut toujours capitaliser son revenu...

« Mais que puis-je faire, Pierre ? » avait-elle demandé.

Le jeune homme qui, selon Armand, était très épris d'elle, s'était une fois de plus empourpré :

« Je suis désolé d'avoir à vous le dire, mais si vous continuez à vivre ainsi, il ne vous restera plus rien dans cinq ou six ans.

– Quel remède proposez-vous donc ?

– Ce que vous avez vous-même suggéré, Madame : faites fructifier votre capital. On m'a rapporté que vous aviez redressé toute seule une importante compagnie maritime en Italie. Pourquoi ne pas agir de même ici ?

– Mais dans quelle affaire voulez-vous que je me lance ? lui demanda-t-elle intriguée.

– C'est à vous de choisir, Madame. Je ne puis outrepasser mon rôle.

– Merci, cher Pierre, de vos conseils. »

Quelques semaines après cet entretien, les nombreuses personnes à qui elle avait prêté de l'argent reçurent la lettre suivante : « La duchesse H. S. se permet de rappeler à Monsieur… (ou Madame …) qu'elle lui a prêté le … 1902 … 1903 … 1904, la somme de … Elle souhaite la recouvrer au plus tôt. À dater de ce jour, en cas de non-remboursement immédiat, la somme sera majorée de 8 % chaque mois. Dans l'attente… »

Armand comptait parmi les victimes du sursaut de Hannah. Venu avec ses amis se distraire dans l'immense salle de jeux habituellement à leur disposition, il eut la surprise de rencontrer sa maîtresse, vêtue de lamés mordorés, sur le seuil.

Un rien solennelle, elle déclara : « Je vous annonce, Messieurs, l'ouverture, au rez-de-chaussée de l'hôtel, d'un guichet où vous pourrez retirer de l'argent ; à condition, bien entendu, d'y avoir ouvert un compte. » Puis, laissant les hommes à leur stupéfaction, figés devant la porte comme si elle leur était subitement interdite, Hannah regagna ses appartements.

Bien vite, tout Paris ne parla plus que de cet étrange établissement bancaire que venait d'ouvrir Hannah dans son propre hôtel de la place Vendôme. Elle savourait son triomphe quand Tina lui remit sur un plateau la carte du comte Moïse de Camondo.

Malgré sa haute stature et sa fière allure, Moïse avait quelque chose de gauche et, comme toujours avec les grands timides, la conversation était pénible, hésitante.

Hannah décida de se jeter à l'eau :

« Mon cher Moïse, lança-t-elle, Isaac a dû vous dire que je tenais à vous voir ?

– Oui, me voilà, me voilà... »

Hannah força sa voix, Moïse, c'était évident, devenait sourd :

« J'ai créé une banque, L'Orientale, au rez-de-chaussée du palais.

– Je l'ai vue en arrivant, ainsi que les ravissantes personnes qui servaient du thé à la menthe aux clients assis sur des canapés turcs...

– J'entends donner une atmosphère chaleureuse et dépaysante aux transactions qui s'y déroulent. Je connais votre sens des affaires, votre renommée internationale, votre grande réputation, et je me suis dit que vous pourriez peut-être... »

Flatté plus qu'il ne voulait le laisser paraître, Moïse mit, en bon levantin qu'il était, la main sur son cœur :

« Chère Hannah, nos familles sont liées depuis maintenant fort longtemps. Je serai très honoré d'appartenir à votre conseil d'administration et je vous ferai moi-même signe dès qu'une affaire se présentera qui pourra intéresser votre banque ! »

Cet entretien avec Moïse encouragea définitivement Hannah. Qu'un Camondo, un homme d'envergure comme Moïse s'intéressât à sa banque, voilà de quoi la rassurer. Quant à en faire son époux, elle était beaucoup moins certaine de parvenir à ses fins. Certes, elle ne semblait pas lui déplaire, mais parviendrait-elle à le dégeler, à casser sa raideur légendaire ? Elle verrait le moment venu... Il lui fallait d'abord faire place nette.

Dès le lendemain, Tina eut l'ordre de dire à Armand, quand il se présenterait, que Madame ne pouvait plus, ne voulait plus le recevoir ! Frappé de stupeur, comme s'il avait reçu une gifle en plein visage, le nobliau remonta dans son attelage et Tina l'entendit marmonner : « Ces Juives... »

Hannah n'allait pas laisser passer sa seconde chance de devenir la comtesse de Camondo !

1905...

Quelques mois après avoir congédié son amant, Hannah se retrouva en pleine possession d'elle-même. En s'engageant à nouveau dans les affaires, elle perdit les manières artificielles et apprêtées qui avaient prévalu aux premiers temps de sa vie à Paris. Elle conservait cependant ses vêtements orientaux, attributs indispensables du personnage qu'elle s'était fabriqué. On savait qu'elle n'était pas sortie depuis des années, on savait qu'elle ne voyait le soleil, la pluie, la neige de Paris qu'à travers les hautes croisées de son palais de la place Vendôme.

Se reprendre en main l'avait aidée non seulement à rééquilibrer sa fortune, mais aussi à être considérée, en peu de temps, comme une « financière » exceptionnelle. Les modestes moyens employés d'abord pour récupérer l'argent dilapidé dans un luxe ostentatoire se montrèrent très efficaces. Mais Hannah n'était pas femme à entreprendre à moitié, elle se piquait vite au jeu et se lançait continuellement de nouveaux défis. Aller toujours de l'avant, toujours plus haut, telle semblait être sa devise.

Par fierté, son premier geste, dès que sa caisse se remplit à nouveau, fut de racheter les deux immeubles du boulevard Haussmann, vendus à la hâte, le premier pour étonner John Lewis, le second pour satisfaire les goûts de celui qu'elle avait utilisé comme un dérivatif à son chagrin, Armand de La Fresnaye. Elle avait rassemblé une équipe pour l'aider à accroître la fortune qu'elle gérait, telle la reine des abeilles, depuis son boudoir. La fidèle Tina se rendait chaque mois chez les différents gérants d'immeubles pour percevoir les loyers. Elle dénichait pour son amie et patronne des terrains éloignés du centre, dans le XVIe arrondissement, autour du bois de Boulogne, et surtout dans le XVIIe. Leurs prix étant bas, Hannah n'hésitait pas à les acheter. Elle avait déjà fait construire quelques beaux édifices dans la plaine Monceau et se proposait de lotir ou de vendre ces nouveaux terrains qui, pensait-elle, prendraient de la valeur avec le temps. « L'immobilier, répétait-elle souvent à Tina, est le seul bien qui ne se déprécie jamais. »

Elle allait de l'avant, conseillée par Moïse, dont la présence était devenue quotidienne, et son établissement bancaire marchait bien.

Un jour, il lui avait fait un très beau compliment, la comparant ni plus ni moins à Doña Gracia Béatrice Nassi.

« C'était une grande dame, précisa Moïse, de ces femmes qui entrent dans les légendes familiales. Elle était, comme les Camondo, originaire de l'Espagne, que son père quitta en 1492, au moment d'Isabelle la Catholique, pour le Portugal, où ils devinrent marranes, c'est-à-dire qu'ils firent mine de se convertir tout en restant fidèles à leur religion juive. À la mort de son mari, Francesco Mendès, Béatrice partit avec son neveu Joseph Nassi, d'abord à Anvers, puis à Venise, avant de s'installer définitivement à Istanbul. Là, elle devint la belle-mère de son neveu – elle lui fit épouser sa fille –, et ils jouèrent ensemble un grand rôle dans les arts et les lettres. Ils créèrent des imprimeries de livres hébraïques et des écoles talmudiques. Ils fondèrent surtout une grande Maison de Banque. Comme vous, chère Hannah, Doña Béatrice Nassi devint donc au XVIe siècle une vraie banquière. »

Fière de cette comparaison, Hannah avait cependant toujours refusé de donner le nom de banque au guichet installé au rez-de-chaussée de son hôtel. Pourtant, les différentes opérations qui se traitaient à L'Orientale ressemblaient à s'y méprendre à celles réalisées au Crédit lyonnais ou chez Rothschild. L'atmosphère qui y régnait était, il est vrai, très différente. Hannah, à son arrivée à Paris, avait été intimidée par la solennité des banques françaises, les huissiers en jaquette noire et col dur, les hommes en veston sombre qui géraient ses affaires d'une manière abstraite, assis derrière de massifs bureaux d'acajou. Elle, habituée aux calculs sonnants et trébuchants de son père, avait été franchement déroutée par ces manipulations dénuées de sensualité. Il suffisait de signer des papiers, de donner des « ordres » et l'opération était réglée.

Hannah n'avait plus entendu, depuis les échoppes de change de Livourne, le bruit du papier froissé ou celui des pièces qui s'entrechoquent dans les sacs… Elle avait vite compris, grâce à sa sensibilité aux détails matériels, que, pour une certaine clientèle, le côté impersonnel de la banque occidentale devait être déroutant, voire rebutant. Inspirée par l'expérience de ses débuts, elle n'avait pas voulu figer son établissement sous une appellation pompeuse, ni dans un cadre strict. La grande salle du rez-de-chaussée qui ouvrait directement sur la place avait été, comme le reste de l'hôtel, transformée et décorée à l'orientale. Un huissier habillé d'un sarouel, d'un gilet et d'un burnous en laine introduisait le visiteur, charmé par l'atmosphère intime et inattendue. Des hommes en costumes turcs et coiffés de chéchias, travaillaient, assis en tailleur, sur de larges bancs où venaient les rejoindre les clients. Après avoir discuté de la pluie, du beau temps et des derniers spectacles en sirotant un thé à la menthe, on passait enfin aux sérieuses questions d'argent. Hannah avait enseigné à son personnel la règle d'or des banquiers levantins : donner à chaque interlocuteur l'impression qu'il est le plus important. Comme dans les boutiques des souks, L'Orientale n'avait pas d'horaires. À toute heure du jour et de la nuit, le client pouvait soupeser ses pièces d'or, froisser ses billets de banque, contempler ses bijoux.

Moïse de Camondo était heureux et fier du succès de sa protégée, comme s'il s'était agi de sa propre fille, et il dirigeait vers l'étrange établissement nombre de ses relations d'affaires, notamment celles venues d'Istanbul ou de Salonique.

Les Levantins retrouvaient là ce qu'ils avaient laissé dans leur pays : des commis attentifs, qui allaient jusqu'à se méfier du mauvais œil des autres clients, un langage de connivence et ces espèces palpables, gages de leur réussite. Le snobisme anglo-saxon valut à L'Orientale un surcroît de succès et, tous les jours, Hannah découvrait avec plaisir de nouveaux clients qui recherchaient l'exotisme de son établissement. Sa réputation était telle outre-Atlantique que John Wharton, le banquier de Wall Street, la pressait de s'associer avec lui pour ouvrir une succursale de L'Orientale à New York. « Nous garderions l'authenticité et le caractère de votre formule. C'est pourquoi l'établissement ne devrait pas avoir pignon sur rue dans le grand quartier des affaires, mais ouvrir à Brooklyn, qui regorge de Juifs, ou dans les nouveaux quartiers habités par les Italiens, les Grecs et les Turcs… » Cette proposition, pour incongrue qu'elle fût, flatta profondément Hannah. « Oui, dit-elle en envoyant un baiser au portrait de son père costumé en Louis XIV, malgré l'épisode des cochons et ma liaison avec Armand, tu peux être fier de ma réussite… Je suis, je crois, ta digne fille… Il ne me reste plus qu'à épouser un Camondo pour satisfaire toutes les ambitions que tu avais pour moi. »

Maintenant qu'ils savaient Hannah débarrassée de l'importun Armand, les cousins Camondo se donnaient rendez-vous chez elle d'une manière tacite, à l'heure du thé. Ensemble, ils faisaient le bilan de leur vie, évoquaient leurs projets et l'avenir de leur progéniture. Hannah, depuis qu'elle connaissait mieux Moïse, l'appréciait énormément. Certes, au premier abord, il était rébarbatif, avec son monocle noir qui dissimulait son œil mort, son embonpoint, sa calvitie et sa surdité. Malgré un début de relation difficile, Hannah avait compris que la froideur de l'homme cachait en fait une grande timidité.

Maintenant qu'il se sentait à l'aise avec elle, il lui parlait de tout et notamment de ses enfants, à qui il consacrait beaucoup de temps et qu'il emmenait très souvent en voyage à travers l'Europe. Ce soir-là, Hannah trouva Moïse tendu, presque triste, et elle en devina facilement la raison : Nissim et Béatrice devaient être chez leur mère, la comtesse Irène Sampieri.

« C'est vrai, avoua Moïse, je suis torturé dès que je les sais chez elle, car je crains son influence sur eux. Si j'ai admis – mais à quel prix ! – qu'elle divorce, je ne comprends toujours pas sa conversion. Nissim et Béatrice sont les seuls héritiers de la dynastie Camondo, ils auront des responsabilités dans notre communauté, tout comme les Rothschild, et si leur mère les pervertit… »

Isaac posa son verre de thé ; il partageait, c'était évident, la préoccupation de son cousin.

« Ne vous inquiétez pas, Moïse, tenta de le rassurer Hannah. Il faut faire confiance à la vie, et les enfants possèdent un instinct infaillible. »

« Ils ont néanmoins besoin d'être guidés dans la bonne voie, reprit l'homme au monocle noir. Nissim, par exemple, il a tout pour lui : il est beau, charmeur, brillant – tout comme moi, souffla Isaac *mezzo voce* à Hannah –, mais il travaille mal à l'école. À treize ans, il vient d'entrer au lycée Janson-de-Sailly et il ne pense qu'à s'amuser, à sortir. »

Moïse se retourna vers son cousin qui riait sous cape :

« Tu t'en moques, toi ! Évidemment, il a toutes tes qualités et tous tes défauts… Il sera un bon à rien comme toi ! Un dilettante…

– Tu l'aimes trop, décréta Isaac, redevenu sérieux. Laisse-le vivre tranquillement. Je suis sûr que le moment venu, il accomplira de grandes choses, dignes d'un Camondo.

– Et Béatrice, demanda Hannah, est-elle sage ? »

Les deux cousins se regardèrent un moment et Isaac répondit :

« Béatrice, ma chère Hannah, a hérité du caractère de sa mère… Elle est certes studieuse, mais elle a une passion exclusive pour les chevaux. Elle ne pense qu'à ça, c'est curieux, non ? Elle adore la chasse à courre et tout ce qui va avec...

– Elle changera dès qu'elle deviendra une jeune fille, conclut Hannah, mais vous, Isaac, où en êtes-vous de votre composition musicale ?

– Je travaille encore sur *Le Clown*. Je vous ai parlé, n'est-ce pas, du livret d'opéra que m'a écrit Victor Capoul ? J'espérais que la première aurait lieu au théâtre de Sarah Bernhardt, mais il est retenu. Ah ! chère amie, plus la date approche, plus je suis anxieux... La mise en scène change tous les jours, les chanteurs sont capricieux, et je ne sais plus où j'en suis.

– Allons Isaac, calmez-vous, lui dit la Sultane en lui tapotant la main, les critiques ont loué votre dernier concert à la salle Érard et je suis sûre que *Le Clown* sera un triomphe ! Vous y avez tant travaillé. »

Il lui baisa la main en murmurant : « Aucune autre que vous ne peut m'encourager comme vous le faites. Celui qui vous épousera aura bien de la chance... » Puis, plus haut, il continua :

« Nous donnerons les premières représentations fin avril au palais Garnier, au profit de la Société des artistes et amis de l'Opéra dont je suis le président. Et encore une fois, mon amie, je regretterai votre absence, mais je respecte vos choix, quoi qu'il m'en coûte. »

1908...

Depuis qu'il était séparé de sa femme, Moïse consacrait presque tout son temps à l'éducation de Nissim et de Béatrice. Pour ses enfants, ou parce qu'il détestait le monde, il avait démissionné sans regret du Polo de Bagatelle et du Cercle de Deauville – leurs membres l'avaient d'ailleurs toujours regardé avec antipathie, non seulement parce qu'il était juif, mais aussi parce qu'il avait osé divorcer.

Très sportif dans sa jeunesse, adepte du yachting et mordu de sports automobiles – il avait participé à la course Paris-Berlin, en 1900 –, il quittait Paris le plus souvent possible. Avec ses enfants, il allait de la baie de Monte-Carlo aux pistes de ski de Saint-Moritz, des plages de Biarritz aux palaces de Contrexéville.

Son voyage le plus émouvant, il l'avait fait avec son fils, à qui il fit découvrir sa ville natale, Istanbul. Il voulait montrer à l'adolescent ce qu'avait été la splendeur des Camondo, leur prestige encore si vivace dans la capitale de l'Empire ottoman, le légendaire escalier construit par eux, leurs immeubles et leurs *yalis* sur le Bosphore. Moïse avait conduit Nissim au mausolée de la famille. Il lui avait montré le nom de ses ancêtres gravé dans la pierre : Abraham, le fondateur de la dynastie, Clara, sa douce épouse, et toute leur postérité.

À son retour à Paris, Moïse retrouva sa chère amie Hannah, fidèle à son poste, dans son hôtel de la place Vendôme. Hannah, en ce jour de 1908, était bouleversée : Pierre Dhuit, le secrétaire d'Armand, devenu depuis peu son homme de confiance, avait été gravement blessé au cours d'une manifestation. Hannah et Tina l'avaient installé dans la chambre d'amis. Mais, interrogé, il n'avait rien voulu dire. Tina finit par révéler à Hannah la vérité : de violents incidents avaient éclaté dans l'après-midi, pendant le transfert des cendres d'Émile Zola au Panthéon. Certains – notamment les gens de l'Action française – refusaient de voir l'écrivain reposer au Panthéon en raison de son action en faveur de Dreyfus, qui assistait d'ailleurs à la cérémonie.

« Après tant d'années, dreyfusards et antidreyfusards s'affrontent encore ? »

Hannah était accablée de voir resurgir cette sale affaire.

« Dreyfus n'est qu'un prétexte, ajouta Tina. Disons plutôt les antijuifs et les autres… les autres comme Pierre. Les articles de *L'Action française* sont de plus en plus virulents et hargneux. »

Avec sa propension à analyser chaque événement, Hannah pensa soudain à la délicate situation du jeune homme. Maternelle, elle lui essuya le front avant de le questionner :

« Est-ce qu'Armand connaît vos opinions ? Lui dont les convictions penchent plutôt de l'autre côté…

– Jusqu'à ce matin, répondit faiblement le blessé en essayant de se soulever, nous n'avions pas eu de réel conflit. Je lui ai présenté ma démission juste avant de me rendre à la manifestation pour soutenir mes amis socialistes. J'avais appris…

– Qu'aviez-vous appris ? »

Hannah était prête à tout entendre.

« Il a découvert, termina froidement Tina, qu'Armand de La Fresnaye s'apprêtait à collaborer quotidiennement au journal *L'Action française*.

– Armand ? Quelle horreur ! » s'exclama Hannah consternée.

Avec cet homme méprisable, elle était tombée au plus bas niveau, et les années qui s'étaient écoulées n'effaçaient pas sa honte. Sa fragilité, son isolement à cette époque expliquaient peut-être son choix, mais elle n'en était pas certaine : « Avoir été malheureuse n'excuse pas certains comportements », pensa-t-elle avec amertume. Elle regarda Pierre Dhuit, jeune homme charmant et courageux, puis laissa Tina s'occuper de lui pour aller recevoir ses amis Camondo à qui elle ne put cacher son émotion :

« Qu'on en soit encore là en France, c'est abominable, déclara-t-elle tandis qu'Isaac lui baisait la main.

– Effroyable, ajouta Moïse. J'ai entendu dire que Dreyfus avait été visé par un de ces nervis alors qu'il assistait au transfert des cendres de Zola. »

Malgré leurs efforts, les trois amis avaient du mal à s'écarter de ce brûlant sujet de conversation. Isaac essayait de les distraire en racontant que le couturier Doucet venait de faire aménager une maison rue Spontini pour servir d'écrin à sa collection d'art du XVIIIe siècle. Puis il ajouta tout bas :

« On murmure qu'il a une liaison avec une jeune femme mariée. Il l'adore, c'est une vraie passion. Et il attend patiemment le moment où elle pourra divorcer pour l'installer dans cet hôtel…

– Dites-moi, cher Isaac, j'ai appris qu'il y avait eu des représentations du *Clown* à Marseille et à Vichy. Comment se sont-elles déroulées ? Racontez-moi », demanda Hannah, qui ne voulait plus penser aux incidents antisémites de la journée.

Moïse, qui vouait une grande admiration à son cousin, mais aimait le taquiner, l'interrogea à brûle-pourpoint :

« Alors, tu vois que tu as pu survivre à ton déménagement de la rue Gluck ! Est-ce que tu as pu caser toute ta collection dans ton nouvel appartement ?

– Fiche-toi de moi, lui répondit Isaac en riant. Puis il se pencha vers Hannah et lui prit la main. J'aimerais tant que vous veniez voir mon nouveau *sweet home*, ma chère… Sur l'avenue des Champs-Élysées et inondé de soleil… Une pure merveille. Quant à ma collection… Et il se retourna un peu vers son cousin… Plutôt que de te voir en hériter, mon vieux, je préfère la donner de mon vivant. Oui, la donner… »

Tandis que cette dernière trouvaille faisait rire aux éclats Hannah et Moïse, Isaac exposa son projet :

« J'ai décidé de faire don de toute ma collection au Louvre. Vous verrez, ce sera un grand événement.

– Mais vos deux fils, Jean et Paul, pourquoi ne pas la leur laisser ? » s'étonna Hannah.

Il haussa légèrement les épaules :

« Des Monet, des Renoir… qu'en feraient-ils ? »

Avec cette intuition féminine qu'elle avait développée depuis la mort de son père, Hannah sentit qu'Isaac devait leur cacher quelque chose.

« Comment va votre santé, Isaac ? »

Il répondit par une moue. Elle déclinait bien vite, cette santé dont il avait abusé, lui qui aimait tant les vins, les soirées et la bonne chère... Il serait quand même triste de quitter cette vie, de ne pas voir grandir ses fils, âgés d'à peine cinq et six ans. Il avait encore tant de choses à faire : préparer le don de ses collections au Louvre, financer la construction d'un théâtre voué à la danse et à la musique, et composer.

Hannah le regarda avec une affection non feinte. Il aurait pu se passer tant de choses entre eux, mais une trop grande amitié s'était immiscée, empêchant tout sentiment amoureux. Avec Isaac, elle avait commis la même incommensurable bêtise qu'avec John Lewis, en préférant une communication franche aux silences de la coquetterie. À trente-deux ans, elle était toujours aussi étrangère aux arcanes de la séduction.

1910...

Dire que Moïse n'avait jamais songé à épouser Hannah serait faux. L'homme éprouvait une sincère affection pour la Sultane, en dépit de sa répréhensible liaison avec Armand de La Fresnaye. Dans sa jeunesse, il avait été très strict sur la morale, mais avec l'âge, il s'était assoupli et trouvait des circonstances atténuantes aux actes de ses proches. Son expérience malheureuse avec Irène avait certainement contribué à le rendre plus compréhensif.

L'idée d'un mariage avec Hannah l'effleurait donc souvent. « Cette femme, encore jeune et juive, a une certaine séduction, de l'éducation, du style et surtout, pensait Moïse en lissant sa moustache poivre et sel, elle aimerait – il en était certain – ses enfants ». À chacune de ses visites, elle demandait de leurs nouvelles, se souciait de leurs fréquentations, de leurs progrès scolaires. Sans les connaître, elle leur portait un réel intérêt et s'attachait beaucoup à Nissim. Elle avait approuvé avec chaleur le voyage à Istanbul du père et du fils, à la recherche de leurs racines. À cette occasion, elle avait raconté son propre séjour à Tunis, le palais Nessim devenu une école de filles de l'Alliance israélite, les décorations de son père, les retrouvailles avec sa cousine.

Homme d'affaires pragmatique, Moïse voyait dans leurs destins des ressemblances troublantes qui ne pouvaient que les rapprocher. Mais ses enfants supporteraient-ils d'avoir une belle-mère à la maison, alors qu'ils restaient – ce qui le navrait profondément – très attachés à Irène ? Et puis Hannah était encore jeune, elle désirerait certainement avoir un enfant à elle, et la crainte d'être à nouveau père empêchait Moïse de concrétiser ses velléités matrimoniales. Rien ne s'opposerait à ce qu'il épouse Hannah plus tard, quand Nissim et Béatrice quitteraient la maison pour fonder leur propre foyer. Pour l'instant, il continuait de se consacrer entièrement à eux, partageant leurs loisirs lorsqu'ils étaient en vacances et lors de leurs fréquents séjours dans leur propriété d'Aumont. Il y invitait tous leurs amis, âgés de quinze à vingt ans, dont la vigueur et l'entrain emplissaient la propriété d'une continuelle animation. Il les accompagnait à la chasse, faisait de longues promenades à cheval avec sa fille. Il déplorait cependant de voir se déliter les liens avec le passé. Sa mère, la douce Élise, était morte quelques mois plus tôt. Moïse aimait célébrer le shabbat chez elle, en compagnie de ses enfants qu'il souhaitait imprégner des traditions judéo-espagnoles. Pas plus Nissim que Béatrice ne comprenaient leur grand-mère, mais ils appréciaient ses caresses et ses gâteaux enrobés de miel. Il arrivait toutefois que sa fille juge sa grand-mère « arriérée » parce qu'elle ne parlait pas le français. Moïse était scandalisé par de telles remarques, où il discernait l'influence d'Irène, la convertie.

En cette année 1910, Moïse hérita donc de l'hôtel particulier Napoléon-III de la rue de Monceau. Cet hôtel avait tellement fait rêver Irène que Moïse s'était même demandé si elle n'avait pas accepté de l'épouser uniquement pour en être un jour la maîtresse. Mais voilà, elle trouvait que sa belle-mère mettait trop de temps à mourir…

Contre toute attente, Moïse décida de démolir le splendide édifice. Il le reconstruirait à son goût et selon ses besoins, pour abriter sa colossale collection d'objets du XVIIIe siècle. Le grand architecte Sergent le prévint : les travaux seraient longs et coûteux. Mais Moïse, perfectionniste dans l'âme, donna son accord. Se rendre tous les jours sur le chantier lui permettait de supporter son chagrin.

La mort d'Élise avait également accablé Isaac. Et les deux cousins, qui n'avaient ni père, ni mère, ni épouse s'étaient encore rapprochés l'un de l'autre. Durant cette année de deuil respectée par tous les Juifs, ils se retrouvaient souvent pour évoquer la mémoire de la disparue et leurs souvenirs d'Istanbul. Les baignades dans le Bosphore, leur *yali*, les couchers de soleil et les rires de leurs étés leur revenaient en mémoire. À leur âge, ils se sentaient doublement orphelins, de leurs aïeux et de leur passé.

Isaac, qui approchait de la soixantaine, se plaignait de mille maux, et son cousin lui conseillait de se ménager.

« Je ne peux pas, lui répondait-il, je dois organiser dans le moindre détail ma donation au Louvre et aussi surveiller la construction du théâtre. »

Il cachait à Moïse et même à Hannah, qu'il voyait pourtant tous les jours, que les médecins, les plus grands professeurs qu'il avait consultés, lui laissaient une espérance de vic bien courte…

1911...

Les années avaient curieusement embelli Hannah. À trente-cinq ans, la grande Livournaise maigre, à la bouche gourmande et aux yeux trop écartés, s'était muée en une femme épanouie. Les vêtements orientaux mettaient en valeur sa stature, les lamés qu'elle enroulait en écharpe autour de son cou rehaussaient la matité de son teint et le saillant de ses pommettes. Plutôt que belle, elle était devenue envoûtante, et son charme à la fois enfantin et mûr subjuguait tout un chacun. Mais elle conservait au fond d'elle-même l'image de la fille ingrate qu'elle avait été, comme pour se préserver des illusions dans lesquelles on tombe facilement quand on croit avoir conjuré la fatalité de la laideur. Son peu de confiance en elle lui faisait tourner en dérision les sentiments amoureux qu'elle inspirait.

Parfois, en se regardant dans le miroir de Venise de sa chambre à coucher, elle scrutait les signes de l'âge : deux rides autour des yeux, de légers sillons qui partaient du nez vers la bouche, des fils blancs dans sa chevelure... Elle n'avait pas vu sa mère vieillir et se demandait comment elle serait dans quelques années. Mais ce qui la taraudait le plus, c'était l'envie physique d'avoir un enfant. Elle y pensait le jour et la nuit, elle en rêvait... Oui, il fallait qu'elle eût un enfant tant qu'il en était encore temps. Mais avec qui pouvait-elle le concevoir ? Il fallait un père à cet enfant, un père dont il n'aurait jamais à rougir. Ah, si Moïse pouvait enfin se décider !

Pour l'heure, c'était un Isaac charmeur qu'elle recevait dans son boudoir turc, aux murs tapissés de kilims. L'aîné des Camondo était dans un grand état d'excitation : sa riche collection de peintures entrait enfin au Louvre ! Il avait tout légué, avec cent mille francs pour les frais de placement. Pendant cinquante ans, le musée exposerait cette prestigieuse collection dans une salle portant son nom.

« Pourquoi seulement cinquante ans, pensa Hannah... Quel étrange ami j'ai, décidément ! Est-ce pour être oublié dans un demi-siècle ? Cinquante ans, c'est... Elle calcula. C'est en 1961. C'est demain ! Ses enfants seront vivants, ses neveux aussi... » Elle n'osa cependant pas l'interroger sur cette clause tant elle le voyait heureux d'avoir mené à bien cette donation qui le préoccupait depuis de si nombreuses années. Quand même, quand on lègue plus de soixante tableaux impressionnistes au Louvre, on a droit à plus de cinquante ans de reconnaissance, non ? Mais Isaac était ainsi, délicieux et insaisissable, présent et se fuyant. Hannah se remémora les chefs-d'œuvre qui bientôt quitteraient les Champs-Élysées pour une froide salle du Louvre : *Le Fifre* de Manet, *Les Repasseuses* de Degas, un Van Gogh, les *Nymphéas* de Monet, des Cézanne et tant d'autres qu'elle n'avait jamais vus, bien sûr, puisqu'elle ne sortait pas, mais qu'Isaac lui avait décrits avec passion. Ajouté à cela, près de cinq cents estampes japonaises, des dessins, des pastels.

Tandis que son ami énumérait sa donation, Hannah se demanda s'il avait laissé quelques tableaux à ses deux fils, qu'il refusait toujours de reconnaître. La légèreté des hommes, vraiment !

« Et ce n'est pas tout, ajouta Isaac. Je vous avais parlé de mon projet de théâtre… Eh bien, il est rondement mené par mon ami Gabriel Astruc. Savez-vous que son père, rabbin au temple portugais et fondateur avec Crémieux de l'Alliance israélite, nous a préparés, Moïse et moi, à notre bar-mitsvah. Autant dire que des liens d'enfance nous unissent à Gabriel ! Il déplore énormément l'insuffisance des théâtres à Paris et a donc eu l'idée de créer un palais philharmonique destiné aux spectacles musicaux sous toutes leurs formes : concerts, art lyrique, ballets. Je me contente d'être son commanditaire et son conseiller ; il a trouvé l'emplacement idéal : avenue Montaigne. Nous l'appellerons le Théâtre des Champs-Élysées. Qu'en pensez-vous, ma douce Hannah ? Peut-être accepterez-vous enfin de sortir, pour venir l'inaugurer à mon bras ? »

Isaac se projetait vers l'avenir et le futur l'intéressait plus que le passé, même s'il était parfois nostalgique. Ce soir-là, devant le feu de cheminée d'où s'élevaient des odeurs d'encens et de musc, dans ce cadre qui lui rappelait le pays de son enfance, en compagnie de sa douce, intelligente et unique amie, il se souvenait de tout ce qu'avait accompli Abraham de Camondo, le fondateur de la dynastie. Cet infatigable bâtisseur avait lui aussi fondé un théâtre vers la fin des années 1860 : L'Alcazar d'Amérique à Istanbul. Abraham avait marqué de son empreinte toute la rive européenne du Bosphore, mais lui, Isaac, que léguerait-il à son neveu adoré, le jeune Nissim, qu'il aimait comme un fils ?

1911…

Hannah était assise sur un canapé de sa banque, en conversation avec un important client levantin. Les effluves de musc et de benjoin se répandaient dans le grand salon, imprégnant jusqu'aux vêtements. Pierre Dhuit, vigilant comme à son habitude, allait dans chacun des boudoirs faisant office de guichets pour veiller à la satisfaction des habitués. Son arrivée à la banque avait apporté une rigueur nécessaire aux notions floues de Hannah. Pierre avait constitué un dossier pour chaque client, exigé et donné des justificatifs pour chacune des opérations de caisse, imposé l'achat de vrais coffres-forts. Autant de paperasseries et d'embarras que Hannah trouvait lourds et superflus. Mais elle s'était inclinée devant la détermination de son collaborateur, et après ces améliorations, elle vit avec satisfaction augmenter le volume des transactions. Des bourgeois de Paris s'aventuraient dans ce lieu cosmopolite, et il était maintenant de bon ton d'avoir un compte à L'Orientale, nom que Paris avait spontanément donné à l'étrange établissement.

Pierre Dhuit s'était révélé être non seulement un collaborateur efficace mais aussi un ami attentif et précieux. Depuis quelque temps, les lettres de Hannah à son frère de lait, Nephtali, parlaient beaucoup du jeune homme :

« Avec Pierre, la vie est entrée place Vendôme. Il est entouré d'amis artistes qui l'adorent malgré sa timidité. C'est par lui, bizarrement, que j'ai eu des nouvelles du jeune Amedeo Modigliani, que nous avions connu si jeune, toi et moi, à Livourne. Il est en train de séduire Paris avec son profil pur, ses cheveux bouclés et ses yeux de feu. Ah, comme les Italiens sont beaux ! Ses peintures commencent à connaître un certain succès, et il vient de présenter un grand tableau : *La Juive*. On dit qu'il a malheureusement un goût prononcé pour la boisson… Quand je pense que c'est ce petit qui a conduit John Lewis vers moi, un jour, au port de Livourne !

« Grâce à Pierre, je découvre avec plaisir ce milieu qui m'était jusqu'alors fermé. Ses amis ont pris l'habitude de venir, en fin d'après-midi, prendre une coupe de champagne. Mon salon est devenu l'un de leurs lieux de rendez-vous, et pour certains d'entre eux, notamment les peintres habitués à la butte Montmartre et à Montparnasse, le dépaysement est grand. Henri Matisse est un de mes fidèles. Le portrait qu'il a fait de moi en odalisque est la plus belle pièce de ma collection, ses couleurs sont extraordinaires ! Notre vieil ami Cappiello, que tu m'avais présenté dans cette taverne de Livourne, est aussi un "régulier". Il est toujours entouré de dessinateurs à la mode : Willette, Chéret, et Mucha. Il crèvera bientôt les murs de Paris avec ses affiches si spirituelles.

« Un autre fidèle est Paul Poiret. Notre rencontre a été décisive pour tous les deux : il est vraiment le couturier qu'il me fallait, et il me répond très galamment que je suis l'inspiratrice qu'il attendait pour se révéler tout à fait. En toute modestie, j'ajouterai que Denise, sa chère épouse, est plus certainement que moi sa véritable muse. Il a ni plus ni moins révolutionné la mode française en supprimant les corsets, les chichis et les volants. Il ose des étoffes aux tons violents, libère les bustes, resserre les jupes. Une mode moderne, sublimée par un génie inspiré des *Mille et Une Nuits* : c'est te dire si notre rencontre était bénie ! Les Parisiennes raffolent de ses turqueries… avant, bien sûr, de subir un autre engouement. On parle beaucoup d'une toute nouvelle venue, une jeune provinciale, commanditée par Arthur Capel, l'héritier des charbonnages de Newcastle. Elle s'appelle Gabrielle Chanel. En tout cas, pour l'instant, Poiret ne craint rien ni personne. Il vient d'envoyer à toutes les souveraines d'Europe un superbe album, *Les Robes de Paul Poiret*, racontées par Paul Iribe, le dessinateur. On y devine l'influence des Ballets russes, qui font courir tout le monde en ce moment. Il paraît que la reine d'Angleterre, outrée, lui a renvoyé son album. Il projette d'organiser de féeriques fêtes persanes et d'inventer des modèles accessibles à la classe bourgeoise, pour celles qui ne peuvent se payer des créations de haute couture. Mais j'ai assez parlé chiffons !

Pierre, mon cher Pierre, m'accorde son amitié et son affection. Il m'a récemment fait un cadeau qui m'est allé droit au cœur : le tout nouveau parfum de Guerlain, au nom si romantique, L'Heure bleue. Pierre pense que sa fragrance se mariera très bien avec mes pierres d'ambre gris. Tina assure qu'il me voue en secret, pourquoi te le cacher, un amour sans bornes. Je sais, cher

Nephtali, que tu me conseillerais d'ouvrir les yeux sur ce sentiment, et tu aurais raison. Je ne crois pas qu'il me sera donné une autre chance de rencontrer quelqu'un de cette valeur. Curieusement, c'est cette valeur même qui m'intimide et me retient. Mais le temps passe, et la maigrichonne Hannah de Livourne est devenue une dame respectable, qui a la sagesse de cacher ses premiers cheveux blancs sous les turbans sophistiqués de monsieur Poiret. Je ne voudrais pas te donner une image superficielle de Pierre : il est aussi un militant socialiste, membre, depuis sa création, de la Ligue des droits de l'homme. Il est épris de justice et favorable à l'égalité entre les deux sexes.

« Mon cher frère, je termine cette lettre avec une pensée pour mon père qui nous aimait tant tous les deux. Il aurait été fier de ma réussite. Non seulement ma banque marche vraiment bien, mais ma "personnalité" a enfin touché Paris et je reçois chaque jour des demandes d'interviews de Femina *ou du* Figaro.

Je t'embrasse,

TON HANNAH.

Malgré cette douce journée d'avril, Hannah avait le cœur éteint. Le temps passait pour elle, bientôt elle ne pourrait plus être mère, et puis c'était le début de la Pâque juive, Pessah. Depuis la mort de son père et son départ de Livourne, elle appréhendait les fêtes qui lui faisaient cruellement ressentir sa solitude. Nessim, qui ne manquait jamais de célébrer le départ des Juifs d'Égypte, exigea jusqu'à sa mort d'avoir sur sa table le plat tunisien traditionnel, le fameux *msoki* dont elle se délectait, composé d'épinards, de fonds d'artichauts violets, de fèves et de viande de bœuf, ainsi que ces galettes qui devaient, une semaine durant, remplacer le pain proscrit.

Ces périodes de fête ramenaient inexorablement les pensées de Hannah vers Livourne, avec ses aspects provinciaux si attachants, la tendresse de son père et la compréhension de Preciosa. Mais tout cela appartenait au passé.

Ce jour-là, son malaise était si profond qu'elle craignit de commettre une bêtise avec son client à qui elle demanda de l'excuser. Elle pria Pierre de la remplacer et remonta dans ses appartements. Elle se jeta sur la courtepointe en taffetas de son lit et sanglota sans trop savoir pourquoi. Pleurs sur la fuite du temps, sur les disparus, sur l'inutilité de son existence. Si au moins elle pouvait avoir un enfant ! Si un Camondo se décidait enfin à l'épouser… En ce moment, Isaac ne s'occupait que de la donation de sa collection au Louvre et de la construction du Théâtre des Champs-Élysées. Quant à Moïse, il surveillait jour et nuit les travaux de son hôtel du parc Monceau. S'étaient-ils tous les deux résignés à la perte du palais de la place Vendôme ? Hannah l'ignorait car, par un accord tacite, ils n'évoquaient plus ce sujet afin de ne pas jeter d'ombre sur leur précieuse amitié.

Depuis des années, Moïse avait pris l'habitude de lui envoyer, à cette date, le plat que les Juifs d'Istanbul préparent pour Pessah, l'*avas freskas kon kodredo* – épaule d'agneau aux fèves fraîches – accompagné bien sûr du pain azyme. Y penserait-il cette année ? Oui, elle en était certaine. Aussi, elle se leva, sécha ses larmes et se remaquilla soigneusement afin de recevoir la personne qui lui livrerait le mets traditionnel dans la vaisselle en faïence réservée à cette occasion, et que les Camondo appelaient la *Lossa*. Ce fut à cet instant précis que Tina frappa à sa porte et, à voir son visage bouleversé, Hannah comprit que ses appréhensions, comme toujours, étaient fondées.

« Hannah, le jeune Nissim, le fils du comte Moïse de Camondo, est ici, accompagné d'un rabbin. Il désire vous parler… »

Vêtue de ses voiles mauves, Hannah se précipita dans le salon. Le jeune homme de dix-neuf ans, tout de noir vêtu, l'attendait. Il était si beau, si émouvant dans sa tristesse, que Hannah résista pour ne pas le prendre dans ses bras et l'embrasser avec une tendresse maternelle :

« Madame, dit-il en s'inclinant vers elle avec l'assurance que donne une bonne éducation, Madame, je viens vous annoncer, à mon grand regret, une bien triste nouvelle.

– Oui, murmura-t-elle d'une voix éteinte, s'attendant au pire.

– Mon oncle, votre ami Isaac, mon oncle est mort cette nuit. »

1912...

Toute à son chagrin d'avoir perdu son ami, Hannah délaissa sa banque et négligea son aspect physique. Elle oubliait de passer ses cheveux au henné, et des mèches blanches s'échappaient de son turban mal ajusté. Une odeur de femme mal entretenue émanait d'elle. Plus rien ne semblait la retenir à la vie et il fallait la force de persuasion de Tina pour qu'elle s'alimente un peu. Pierre passait la voir deux fois par jour, prétextant des problèmes bancaires à régler. Comme Tina, il s'inquiétait pour son état, mais savait aussi que le temps était le seul remède possible.

Hannah se remémorait chacune de ses rencontres avec Isaac, toujours joyeuses et pleines d'inattendus. Il avait été son meilleur ami, le premier à l'avoir introduite dans la haute société parisienne, le premier à l'avoir présentée à sa famille. Son chagrin était à la mesure de leurs sentiments respectifs : incommensurable. Avec lui, Hannah avait retrouvé la gaieté de sa jeunesse, le goût des mets orientaux comme les *travaios*, ces chaussons aux noix et au miel, ou les *papeyada de berendjena*, ces exquis beignets d'aubergines. Mais surtout, Hannah avait retrouvé en lui cette chaleur levantine qui lui manquait tant, la chaleur de son père. Ils riaient ensemble des folies immobilières de leurs géniteurs et de leur idée fixe concernant l'hôtel de la place Vendôme. Et quand Isaac imitait son père Bohor ou même son arrière-grand-père Abraham, il était tout simplement impayable. Il prenait alors l'accent turc, et les mains derrière le dos, il arpentait les salons en déclarant : « Le palais de la place Vendôme est à moi ! Tous ces tableaux sont à moi ! Ma chère Hannah, vous êtes ici chez moi, je vous héberge… »

Hannah, au comble du ravissement, s'esclaffait, se renversait au milieu des coussins et, prenant l'accent italien, lui rétorquait : « *Poverino* ! C'est vous qui êtes ici chez moi ! Mon père, le duc Nessim le Magnifique, a obtenu cet hôtel de l'impératrice Eugénie en personne. »

Il était mort à présent, mais elle ne pourrait jamais l'oublier. Elle avait écrit plusieurs lettres à sa compagne, Lucy Berthet, pour lui présenter ses condoléances, l'assurer de sa compassion et lui proposer son aide, puis elle les avait toutes détruites, craignant que la pauvre femme ne s'abuse sur les relations qu'elle avait entretenues avec le défunt. Elle-même, d'ailleurs, aurait été incapable de définir leurs liens. Étaient-ils seulement unis par une grande et simple amitié ou plutôt par une amitié amoureuse, l'attrait physique n'étant pas exclu de leurs rapports ? Hannah, noyée dans son chagrin, s'en voulait de ne pas avoir su faire basculer leurs sentiments, de ne pas s'être montrée plus coquette avec lui. Il avait aimé les femmes faciles et légères, elle aurait dû jouer les conquérantes avec lui, au lieu de se figer dans ce personnage d'Orientale qu'elle s'était jadis créé pour séduire un peintre anglais... Elle aurait dû se montrer plus habile et le conduire tout doucement à un mariage qui aurait comblé leurs pères ! Bohor, sur son lit de mort, avait fait promettre à Isaac de se marier, et Nessim avait sommé Hannah de devenir comtesse de Camondo... Mais voilà, la vie n'était pas aussi simple.

Hannah ne sortait de sa torpeur mélancolique que pour recevoir Moïse, aussi meurtri que s'il avait perdu un frère. Ses tentatives dérisoires pour cacher sa douleur faisaient peine à voir. Son œil valide rougi, son visage bouffi trahissaient ses nuits d'insomnie. Il s'appliquait à ne parler que de ses enfants, Nissim et Béatrice, qui restaient sa seule famille. Isaac, en mourant, l'avait institué son unique héritier, et Moïse s'escrimait, avec la force que donne le désespoir, pour mener à bien tous les projets du défunt.

C'est ainsi que, juste un mois après le décès d'Isaac, il réussit enfin à faire accepter par les musées nationaux sa donation gigantesque, estimé à huit millions de francs ! Son cousin aurait été si heureux de voir leur nom apposé aux frontons des salles du musée du Louvre. Restait à parachever la construction du Théâtre des Champs-Élysées.

1913…

Un an après la mort d'Isaac, le Théâtre des Champs-Élysées ouvrait enfin ses portes. La saison inaugurale de 1913 fut on ne peut plus brillante. Gabriel Astruc avait produit les *Jeux* de Debussy, *Pénélope* de Fauré et *Benvenuto Cellini* de Berlioz. Concerts, ballets, soirées lyriques se succédaient, devant un public ravi, jusqu'à la création du *Sacre du printemps* de Stravinski. Ce soir-là, la salle, déconcertée, siffla, tapa des pieds et hurla. Ce fut le début de la fin, car les comptes financiers du théâtre étaient tout simplement catastrophiques. Les Deutsch, les Rothschild et les Halphen renoncèrent évidemment à leurs créances et Moïse se démena pour éviter la déroute. En vain. La faillite fut si retentissante que même le domicile personnel de Gabriel Astruc fut saisi.

Les rumeurs de guerre qui se propageaient en France déclenchaient une nouvelle vague d'antisémitisme, alimentée cette fois par la faillite de ce pauvre Gabriel Astruc. Heureusement, Isaac avait laissé en héritage à son cousin, outre son hôtel et des pièces de collection, un très important portefeuille d'actions. Moïse n'hésita pas à en vendre pour aider son ami à sortir de l'ornière financière dans laquelle il se trouvait plongé.

L'année du deuil achevé, Moïse avait repris l'habitude de passer chaque soir boire un verre de porto chez sa vieille amie de la place Vendôme. Hannah le recevait toujours avec plaisir. Ils étaient à présent liés par d'innombrables souvenirs dont beaucoup les ramenaient à Isaac. Ensemble, ils évoquaient également la situation politique bien préoccupante et les quelques ragots dont se délectait Paris. C'est ainsi que Hannah apprit que le couturier et collectionneur Jacques Doucet venait de vivre un grand drame : il avait fait construire, quelques années auparavant, un hôtel particulier pour une femme mariée qu'il aimait en secret. Celle-ci venait de mourir dans des circonstances mystérieuses : un prétendu accident de chasse, le jour même où elle annonçait son intention de divorcer à son mari. Désespéré, Doucet avait vendu aussitôt son hôtel de la rue Spontini, ainsi que toute la collection d'art qu'il contenait.

Hannah faisait mine de s'intéresser à ces potins, mais quelque chose en elle s'était éteint à la disparition d'Isaac. Elle se sentait si lasse... Après avoir perdu Isaac, avait-elle le droit de reporter son désir de maternité sur Moïse ? Lequel Moïse venait souvent lui rendre visite accompagné par son fils, le beau Nissim, qu'il surnommait Nini.

« Sais-tu que tu portes le même prénom que mon père adoré, lui demanda-t-elle la deuxième fois où elle le vit. Enfin, presque... Lui, c'était Nessim, avec un *e*.

– C'est en effet le même prénom, lui répondit le jeune homme en lui souriant. Permettez-vous que je vous pose une question, Madame ? »

Intriguée, Hannah donna évidemment son assentiment :

« Êtes-vous française, Madame ? »

Suffoquée autant que l'était Moïse, Hannah répondit :

« Oui. J'avais la nationalité italienne, puisque je suis née à Livourne, mais je suis naturalisée Française depuis que je suis installée à Paris.

– Merci, lui répondit-il en se mettant presque au garde-à-vous. Moi aussi, je suis français… Puis il ajouta sans regarder son père. Et très fier de l'être. »

Afin de détendre l'atmosphère tendue qui régnait soudain dans son salon oriental, Hannah pria Moïse de lui parler de ses travaux de la rue de Monceau.

« J'ai tout de suite été séduit par le projet de l'architecte Sergent qui m'a proposé une adaptation du petit Trianon. Je lui ai cependant recommandé de concevoir un décor adapté à mes collections, et surtout de prévoir tout le confort moderne. Il a parfaitement compris mes souhaits et je crois que nous pourrons pendre la crémaillère dans quelques mois, en 1914 ! »

1914...

En ce mois de mai 1914, tout Paris se pressait rue de Monceau, pour admirer le nouvel hôtel de Moïse de Camondo. Les élégantes exprimaient leur ravissement à leurs compagnons, dès leur entrée dans la cour d'honneur ornée de vases en marbre blanc. Ravissement qui se poursuivait à l'intérieur. L'architecte Sergent avait réussi à reconstituer une vraie demeure de la fin du XVIIIe siècle, dont les boiseries anciennes se mariaient si bien avec le mobilier du maître de maison.

Les trois cent cinquante invités, triés sur le volet, visitaient d'abord les appartements privés du second étage, le salon bleu, la bibliothèque arrondie et les chambres, notamment celle de Béatrice, aux murs tendus de soie. L'appartement de Nissim, de l'autre côté de la galerie, exhibait un portrait de son grand-père, peint par Carolus-Duran.

Mais c'était bien sûr le premier étage, consacré à la réception, qui déclenchait l'enthousiasme des personnalités présentes… Un tapis de la manufacture de la Savonnerie recouvrait le parquet du grand salon, où chacun s'extasiait sur le bureau à cylindre, marqueté, signé par Jean-François Oeben, les meubles à plaques de porcelaine de Sèvres, des bonheurs-du-jour… Tous les plus fameux ébénistes étaient représentés. Dans la salle à manger, un grand service en porcelaine de Sèvres à décor d'oiseaux voisinait avec l'argenterie du service Orloff, commandé par Catherine II.

Le point d'orgue de l'hôtel était le jardin où l'on accédait par une terrasse sur laquelle ouvrait le salon. Achille Duchêne, l'architecte paysagiste, avait eu une idée merveilleuse : une vaste pelouse qui semblait naturellement prolongée par le parc Monceau.

Les invités profitaient de la douceur qui régnait à Paris en ce mois de mai pour s'attarder entre les buffets turc, italien ou français. Ils s'inquiétaient du calme trompeur de la situation politique qui restait alarmante. Se dirigeait-on vers une nouvelle guerre ? Jusqu'à l'aube, les spéculations allèrent bon train.

Les femmes préféraient parler chiffons et notamment de la boutique ouverte au numéro 21 de la rue Cambon par Gabrielle Chanel, que les intimes appelaient Coco. Une ou deux des invitées, particulièrement excentriques, se montraient déjà dans ses robes qui ne supportaient ni le corset, ni les baleines.

Hannah, qui reçut Moïse et Nissim dès le lendemain de l'inauguration, fit cette remarque acerbe sur la prétendue libération du corps des femmes par Coco Chanel :

« Il y a bien longtemps que Poiret l'a libéré, ce corps… Peut-être qu'elle inventera quand même autre chose, à l'avenir. »

Puis, elle se radoucit et se tourna vers Moïse :

« Avec la construction de cet hôtel, vous entrez dans l'histoire, mon cher ami ! Grâce à vos réalisations et à celles de votre cousin, le nom de Camondo sera désormais toujours présent en France. Quand je pense qu'il figure désormais dans sept salles du Louvre grâce à la donation de notre cher Isaac … Quel chemin parcouru par votre famille ! »

Le comte réfléchit un moment en lissant sa grosse moustache et fixa son unique œil ouvert sur Hannah :

« Il est plus facile de donner de l'éclat à un nom et de le perpétuer quand on a, au départ, hérité d'une confortable fortune.

– Vous avez raison, admit Hannah en souriant. Et grâce à votre fils, votre descendance est assurée. Vous n'avez pas de souci à vous faire pour votre succession et pour la continuité du nom de Camondo. »

Le jeune Nissim s'était progressivement attaché à l'étrange dame qui le recevait si gentiment dans ses salons orientaux. Elle lui racontait des anecdotes sur son oncle Isaac, lui décrivait des pays lointains : la Turquie de ses ancêtres, la Tunisie et l'Italie où elle était née. D'un esprit vif et curieux, il lui posait des questions auxquelles elle répondait toujours. Il apprenait beaucoup à son contact et, malgré son amour pour sa mère, la belle comtesse Sampieri, il éprouvait pour Hannah un sentiment que l'on pourrait qualifier de filial. La Sultane fondait devant ce jeune homme d'une intelligence et d'une beauté rares. Elle le regardait parfois avec une certaine mélancolie. Ah ! s'il avait pu être son fils, elle l'aurait dévoré de baisers et de caresses, d'affection et de tendresse. Comment Irène, réputée si froide – et Hannah n'oubliait pas l'affreuse scène qu'elle lui avait faite –, avait-elle pu concevoir un enfant si parfait ? « Était-elle au moins une bonne mère ? » s'inquiétait-elle souvent… On disait Irène beaucoup plus proche de sa fille Béatrice, avec qui elle partageait la même passion pour les chevaux et la chasse.

Moïse contemplait avec attendrissement le tableau que formaient son fils et sa vieille amie. Nissim avait maintenant vingt-deux ans et il commençait à apprendre le métier de banquier, poursuivant ainsi la tradition familiale. « Peut-être devrait-il enfin refaire sa vie ? Ses enfants étaient maintenant grands et Hannah serait la plus parfaite des épouses… » songeait-il.

La Sultane pensait la même chose au même moment : Moïse était libre, Nissim l'avait déjà adoptée. Qu'attendait-il pour agir ? Demain, elle passerait outre la timidité de cet homme et lui demanderait elle-même de la prendre pour femme… Superstitieuse, elle se rappela sa déconvenue lorsque, par deux fois, elle avait pris la même résolution : Nephtali lui avait opposé un refus et John Lewis avait pris la fuite avant qu'elle ne mette son projet à exécution. Qu'importe, elle devait se décider rapidement, car la France, chacun le pressentait, allait entrer dans une douloureuse période. Le 28 juin, l'archiduc François-Ferdinand et sa femme avaient été assassinés lors d'une visite à Sarajevo. À nouveau deux blocs de nations se faisaient face, avec la France et l'Allemagne de part et d'autre ! La guerre pouvait éclater à chaque instant.

Quatrième partie

1914-1918

1914...

Écrasée par la chaleur de ce mois d'août, Hannah se reposait dans son boudoir à l'heure de la sieste. Elle allait s'abandonner au sommeil lorsque Pierre Dhuit entra sans frapper. Surprise, Hannah se releva, arrangeant à la hâte ses voiles.

« Madame, j'ai une requête importante à vous présenter.

– Pierre, l'interrompit-elle avec brusquerie, je vous l'ai mille fois répété, appelez-moi Hannah, comme tout le monde.

– Hannah... Chère Hannah... Voulez-vous m'épouser ? »

Elle le fixa sans comprendre, cet homme était devenu fou !

« Hannah, je vous aime depuis des années, voulez-vous m'accepter pour époux ? Veux-tu être ma femme ? Hannah, la bouscula-t-il enfin, c'est la guerre, c'est la mobilisation générale et je dois partir rejoindre mon corps d'armée... »

Elle se jeta dans les bras du seul homme qui lui ait jamais demandé de l'épouser, elle sanglotait, elle l'embrassait, le caressait...

« Pierre, Pierre, que de temps avons-nous perdu ! Ne partez pas, ne me laissez pas… Pourquoi faut-il que cette catastrophe… »

Elle n'acheva pas sa phrase, Pierre, emporté par son amour, la couvrait de baisers.

« Hannah, ma petite Hannah, ne pleurez pas, séchez vos larmes. Non, non, rassurez-vous, je ne vous laisserai pas ainsi. Ma chérie, acceptez-vous d'être immédiatement, aujourd'hui et ici même, ma femme ? Le temps presse, je ne suis pas encore l'homme que je voulais devenir pour être digne de vous, mais je n'ai plus le choix.

– Pierre, réfléchis encore. Je suis plus âgée que toi, ma vie n'a pas été exemplaire et je ne veux pas que les brutalités de ce monde influencent ta décision. Tu pourrais t'en repentir, tu pourrais regretter… »

Pierre, pour toute réponse, lui prit la bouche avec fougue. Le visage entre les mains de son fiancé, elle l'entendait lui murmurer : « Tais-toi, tais-toi maintenant. Je ne veux pas d'autre mère que toi pour mes enfants. Laisse-moi prendre soin de toi. Je t'aime depuis le premier jour. Je rêve de ton corps chaque nuit, t'envelopper de mes caresses, embrasser tes seins. Ne pleure pas, ne pleure plus, mon amour. Nous avons toute une nuit devant nous… »

Leurs larmes se mêlaient dans les baisers, les caresses folles et sages.

« Hannah, dit Pierre en se dégageant, attends-moi, je reviens, n'aie pas peur. Je reviens immédiatement, appelle Tina auprès de toi. »

Il partit et Hannah resta seule. Elle marchait dans son boudoir, serrant ses mains l'une contre l'autre. Des sanglots incoercibles la secouaient, elle tremblait de froid dans cette canicule d'août. Elle n'avait pas un regard pour la place Vendôme où régnait une agitation sans précédent. Des hommes couraient, des femmes s'agitaient, des voitures klaxonnaient… Les rideaux de fer des boutiques se baissaient les uns après les autres. Tina apparut enfin.

« Tina, lui annonça aussitôt Hannah dans un grand état d'exaltation, ce soir, en signe de solidarité, nous laisserons ouvert un guichet à L'Orientale, certains soldats, comme Pierre, j'en suis sûre, auront besoin d'argent avant de partir. Il sera là d'un moment à l'autre.

– Ma pauvre chérie, vous êtes toute tremblante d'émotion… Couvrez-vous avec ce châle. »

Elle étendit un cachemire sur les épaules de son amie. Pierre entra à son tour, suivi par un homme grand et maigre, raide comme un échalas et vêtu de noir, qui avait tout du fonctionnaire.

« Chérie, dit Pierre en jetant aux pieds de Hannah une gerbe de lys blancs, tu vas être ma femme. Viens vite, tout est réglé. Voici nos deux témoins, fit-il avec assurance à l'officier de l'état civil. »

À ce moment-là entrèrent dans le salon Moïse de Camondo et Nissim. Pierre poursuivit :

« Le comte de Camondo sera le témoin de Madame ; Nissim, son garçon d'honneur ; et Tina, mon témoin.

– Monsieur, protesta l'homme de loi, vous me demandez un acte tout à fait irrégulier et, n'était la situation exceptionnelle que vit aujourd'hui la France…

– Je vous remercie, Monsieur, s'impatienta Pierre. L'Orientale saura penser aux œuvres de la mairie. »

Pierre s'avança vers Hannah, qui n'avait pas dit un mot, pas fait un geste. Il la prit fermement par les épaules pour lui faire retrouver ses esprits et la guida vers le fonctionnaire qui commença son discours.

Le « Oui » de Hannah ne fut qu'un murmure, à peine audible.

« Je vous déclare unis par les liens du mariage. »

On signa. Pierre se débarrassa du rond-de-cuir et s'adressa aux personnes présentes :

« Venez, passons aux choses sérieuses. »

Dans le grand salon, un homme en caftan noir, large visage encadré de papillotes rousses, attendait calmement assis sous le portrait de Nessim Scemama.

« Ah, mes enfants, vous voilà enfin. Le comte m'a prêté son taleth pour vous. Vous le tenez ainsi, au-dessus de la tête de votre épouse. »

Hannah remercia Moïse, plus troublé qu'il ne l'aurait cru lui-même, en l'enlaçant gentiment. Elle vit même une larme jaillir de son œil valide. C'est sous le châle sacré des Camondo, tissé et brodé par Clara, la femme d'Abraham, que Hannah Scemama devint madame Pierre Dhuit.

La voix ample du rabbin emplit le salon comme si elle essayait de contenir l'émotion du monde.

« Comment t'appelles-tu, ma fille ? » demanda-t-il.

Hannah reconnut son nom prononcé en hébreu, avec cet accent guttural qu'elle n'avait plus entendu depuis si longtemps. Son enfance et son passé s'imposaient à elle lors de cette cérémonie étrange et pure ordonnée par Pierre. Elle n'avait pas le temps de penser, de donner un nom à ce qui la foudroyait, il lui semblait flotter entre ce rabbin et ce jeune homme au regard brillant qui était son mari. Dominant la scène du haut de son cadre, le caïd Nessim paraissait prêt à ouvrir la bouche pour lui dire : je t'avais bien prédit que tu te marierais sous le taleh d'un Camondo !

Pierre partit rejoindre son corps d'armée à l'aube, après une nuit passée à aimer sa femme. Hannah avait retrouvé les gestes, qu'elle croyait avoir oubliés, sublimés encore par les sentiments qu'elle éprouvait pour son jeune époux. Elle lui criait sous le ciel étoilé de la place Vendôme :

« Mon amour, fais-moi un enfant. Je t'aime. »

Elle le laissa partir sans l'accompagner pour ne pas gâcher par des adieux leur si belle nuit.

Nissim, devenu maréchal des logis, rallia également son régiment. Hannah, comme tant de femmes séparées de leurs hommes, s'inquiétait pour son jeune mari et pour celui qu'elle considérait comme son neveu.

Quant à Moïse, la fierté de voir son fils accomplir son devoir de citoyen français le disputait à son angoisse légitime de père. Il attendait chaque jour, debout devant le portail de son hôtel, les lettres de son Nini, ainsi qu'il appelait son fils sans craindre les sourires.

1914 et après

Le temps passait et la France s'installait dans la guerre. Les nouvelles du front n'étaient pas rassurantes. Hannah, tout entière tournée vers Pierre, essayait de ne pas s'alarmer. Moïse, qui venait la voir tous les soirs, lui transmettait des informations recueillies auprès de l'état-major. Ils s'inquiétaient tous les deux pour Nissim et pour Pierre, avec la même discrétion, la même pudeur. Les absents écrivaient heureusement souvent pour éviter des angoisses inutiles à leurs proches. Dans chaque lettre, Nissim chargeait son père d'embrasser affectueusement sa « tante » Hannah.

Moïse insistait sur le fait que son fils combattait en tant que Juif et en tant que Français. Il était très fier de Nissim, qui venait d'être cité pour sa bravoure au combat. Cependant il ne pouvait cacher à Hannah son immense solitude.

« Sans lui, sans mon Nini, je me sens perdu, voyez-vous mon amie. D'autant plus que Béatrice me considère un peu comme un étranger. C'est très douloureux pour un père.

– Mais comment pouvez-vous dire ça ! s'insurgea Hannah.

– Elle se sent si proche de sa mère. Elle me reproche sans arrêt notre divorce, comme si j'en étais, moi, le responsable. Elle m'a annoncé avec fierté l'engagement d'Irène comme infirmière. Bref, elle remue toujours le couteau dans la plaie. »

Hannah constatait avec tristesse que cette plaie était encore bien mal cicatrisée.

La guerre, au dire de Moïse et de toutes les personnes bien informées, risquait de durer. « Il est donc vital de s'adapter aux nouveaux besoins des Parisiens », songea Hannah, à qui l'action d'Irène avait peut-être ouvert les yeux.

Un matin, elle descendit le grand escalier qui avait vu tant de fêtes et s'engagea dans le corridor de la banque, dont Tina ouvrit la porte de service. Hannah ne put retenir une exclamation navrée : à l'agitation qui régnait jadis à L'Orientale avait succédé un silence de mort. Aucune lumière n'égayait plus la salle, l'humidité semblait suinter du plafond. Les tapis tendus sur les murs, les canapés recouverts de soie paraissaient à présent dérisoires, prétentieux, étriqués.

« Ils sont donc tous partis ? soupira Hannah.

– Tous, oui, tous nos commis sont mobilisés. La France entière risque la paralysie.

– Allons-nous-en, je ne veux pas voir L'Orientale ainsi. Tina, je remonte dans mes appartements. Il me faut réfléchir, trouver une idée qui nous fera vivre, nous tous et L'Orientale, aussi longtemps que durera cette guerre. »

Hannah resta couchée sur son sofa de longues heures durant, absorbée par ses pensées. Son costume en gaze dorée n'était plus qu'un chiffon froissé, mais elle ne s'en souciait pas. Elle savait combien le luxe et la coquetterie pouvaient paraître déplacés en cette période tragique ; mais rester fidèle à l'image d'elle qu'aimait Pierre était le meilleur moyen qu'elle avait trouvé pour conjurer son angoisse.

Des voix féminines se firent entendre. Hannah se leva et alla ouvrir la porte :

« Entrez, entrez, mes filles, mettez-vous à l'aise. »

Les jeunes femmes chargées autrefois d'accueillir les clients et de leur servir le thé à la menthe s'assirent sur des poufs ou par terre, à même les tapis.

« J'ai demandé à Tina de vous faire venir aujourd'hui pour que nous puissions parler tranquillement. Les temps difficiles que nous traversons risquent de durer, il serait vain de nous le cacher. Nous avons toutes un mari, un frère, un être cher aux armées.

– Madame, intervint une jeune hôtesse, depuis que la banque est fermée, nous n'avons plus de gagne-pain. Moi, j'ai la responsabilité de cinq frères et sœurs, je dois les nourrir.

– Je sais, je le sais bien, répondit Hannah. Je connais la situation de chacune d'entre vous et c'est pour cela que je vous ai convoquées. Dans les champs, dans les usines, partout en France, les femmes ont remplacé les hommes partis à la guerre. L'Orientale va donner l'exemple en ce qui concerne les banques. La plupart d'entre vous sont mariées à des commis de notre établissement ; tout comme moi, du reste. C'est pourquoi nous allons faire leur travail, dans la mesure de nos possibilités, et avec tout l'amour que nous leur portons.

– Mais nous ne saurons jamais ! s'exclama une jeune femme.

– Nous essayerons, ma chérie. Je dirigerai avec Tina l'ensemble des opérations, et vous viendrez nous voir dès que se présentera un problème plus délicat qu'un retrait ou un simple dépôt d'argent. De très nombreux clients me pressent de rouvrir L'Orientale, nous ne pouvons attendre davantage.

– Et nous apporterons ainsi notre contribution à l'effort de guerre, remarqua Tina.

– Moi, ma sœur vient de s'engager comme infirmière, lança une jeune fille.

– Ma mère et ma belle-sœur aussi, ajouta une autre.

– Nous instituerons une caisse de solidarité, précisa Hannah. Des femmes du monde sont déjà venues à plusieurs reprises me solliciter pour une contribution. Je vais donc organiser notre soutien aux familles des soldats d'une manière officielle. Cette caisse sera alimentée par un pourcentage sur tous nos bénéfices. Tina, ma chérie, tu pourras t'en occuper, je pense. Le mieux serait de nous mettre tout de suite au travail. Nous allons vous expliquer les détails dans un instant. Je dois ajouter que de très nombreux Juifs étrangers ou français se sont engagés et combattent maintenant pour la France. Les familles de certains d'entre eux connaissent aujourd'hui de graves difficultés matérielles. Il faudra que chacune de vous prenne en charge l'une d'entre elles, lui assure un soutien financier et moral. J'y tiens absolument et je compte sur vous. Mais avant d'aller plus loin, je dois vous annoncer une heureuse nouvelle. Tina, c'est le moment ? questionna Hannah anxieuse.

– Oui, tout est prêt. »

Les deux femmes allèrent chercher deux immenses tables roulantes couvertes de bouteilles de champagne, de langoustes roses, de volailles rôties à point, de coupes débordantes de fruits exotiques. Les employées se regardèrent avec étonnement, tandis que Tina débouchait le champagne.

« Mes amies, dit enfin Hannah très émue, je tiens à vous apprendre moi-même mon bonheur, mon immense bonheur : je vais être mère, je vais avoir un bébé. »

Les femmes se précipitèrent autour d'elle pour l'embrasser avec affection.

« Merci, merci, mes chéries. Je voulais fêter l'événement avec vous. À mon âge, c'est un vrai miracle, je n'y croyais plus. Je l'ai annoncé par télégramme à Pierre. »

1915 et après

« Hannah… Mon amour, mon amour… »

Pierre, la barbe hirsute, sa capote bleue couverte de boue séchée, dévorait sa femme de baisers.

« Comme tu m'as manqué, soupirait-elle dans un souffle, en caressant son visage dont elle ne remarquait ni la saleté ni la fatigue. Je ne peux plus vivre sans toi, Pierre.

– Si, toi, tu peux, mon amour. Tu m'as en toi, tu me portes, tu portes ma vie, notre force. »

Pierre s'inclina, enveloppa le ventre de Hannah de ses bras, y posa doucement sa tête. Les poils de sa joue étaient si drus qu'ils piquaient à travers l'étoffe, mais Hannah riait.

« Ne bouge pas, ne bouge pas. Attends, il me semble que…

– Mais oui, c'est lui, c'est ton enfant qui te fait signe. Il bouge, il est heureux que tu sois là !

– Quand donc sera-t-il enfin dans mes bras ? Je demanderai une plus longue permission pour l'occasion et elle me sera peut-être accordée.

– Dans quelques semaines, mon chéri. Patiente, oui, tu auras ta longue permission et nous serons heureux tous les trois, tu verras. Mais tu as l'air épuisé, s'exclama Hannah, prenant soudain conscience de l'état de son mari. Comme tu as maigri !

– J'ai vu des choses horribles, si tu savais. Les batailles sont de plus en plus dures, nos pertes sont innombrables, surtout en Champagne. Tous les hommes ont le moral au plus bas et n'espèrent qu'une chose : la fin de cette fichue guerre. Six de mes camarades sont morts hier, sous les obus, presque dans mes bras.

– Mon pauvre chéri ! Trois des filles de L'Orientale sont déjà veuves.

– Et la liste ne fera que s'allonger. J'ai pourtant eu l'impression que Paris était sorti de sa torpeur. J'ai vu des femmes élégantes dans la rue, des boutiques ouvertes.

– Oui, c'est incroyable ! Les bijouteries, les maisons de couture font de très bonnes affaires, je le constate d'après les mouvements à la banque. Les gens donnent l'impression de vouloir s'étourdir, de profiter de la vie à tout prix. À Paris, tous les spectacles font salle comble, *Maxim's* ne désemplit pas et Mistinguett triomphe chaque soir. Mais la capitale est bien sage comparée à Bordeaux ! Depuis que le gouvernement s'y est réfugié, cette ville connaît une débauche de luxe et de plaisirs. Une faune interlope s'y pavane : les ministres, leurs maîtresses couvertes de bijoux, des margoulins à la recherche de bonnes affaires. Biarritz vit aussi de belles heures. Gabrielle Chanel y a ouvert une succursale où l'on s'arrache ses robes à trois mille francs pièce. »

Pierre regarda sa femme presque avec dureté. Elle semblait se complaire à l'évocation de cette France en goguette, alors que des hommes mouraient pour sa liberté. Pour changer de registre, il lui demanda :

« Et Poiret, que devient-il ?

– Mobilisé comme tous les autres couturiers, grands ou petits. Il taille, le malheureux, des capotes pour l'armée. Ta tenue, ajouta-t-elle, faussement mutine pour cacher sa gêne devant la sécheresse de Pierre, est peut-être de lui.

– Sûrement, répondit Pierre ironique. Et comment se porte L'Orientale ?

– Bien, fort bien même. Le chiffre d'affaires se maintient très haut. Ce qui permet à notre œuvre de secours aux victimes de la guerre d'être très généreuse. À ce propos, ajouta Hannah, il paraît que nombre de personnes profitent de ces œuvres qui fleurissent un peu partout pour faire leur entrée dans la haute société.

– La guerre engendre toujours des profiteurs et des opportunistes, c'est bien connu. »

Hannah se leva du lit où elle était allongée pour dissimuler son trouble à son mari.

« Qu'as-tu Hannah, ma chérie, tu te sens mal ? Veux-tu que j'appelle un médecin ?

– Non, non, rassure-toi, ce n'est qu'une bouffée de chaleur. C'est normal. Sais-tu, reprit-elle, de nouveau vive et animée, que ton ami Amedeo Modigliani – « mon pays », comme tu l'appelles – a fait des portraits de femmes étonnants ? On pourrait peut-être lui commander le mien, après la guerre, qu'en penses-tu ? »

Hannah s'approcha de Pierre. Avec une certaine amertume, il pensait que leur couple vivait dans deux mondes différents, opposés. Elle se blottit avec son gros ventre entre ses bras, puis déboutonna la lourde veste et la chemise de son mari. L'impatience de Pierre lui fit jeter loin ses vêtements…

Quelques semaines après la permission de Pierre, un télégramme bleu – celui que toutes les épouses et toutes les mères redoutaient – arriva place Vendôme. Hannah s'écroula, son ventre heurtant le plancher :

« … avons la tristesse de vous apprendre le décès de Pierre Dhuit, tombé au champ d'honneur sous les balles allemandes devant Verdun. »

Les douleurs de l'enfantement durèrent plus d'un jour et une nuit, les plus grands médecins se relayèrent au chevet de Hannah. Elle se débattait, comme si elle voulait retenir en elle la vie qu'elle allait donner, comme si elle voulait garder en elle son mari mort.

Son âge et le terrible choc qu'elle avait subi inquiétaient les médecins. Elle hurlait de peur, elle refusait la mort de celui qui lui avait rendu la dignité, la confiance, l'amour. Elle n'acceptait pas de vivre sans lui et, à chaque contraction, l'imaginait gisant dans le froid, dans une campagne désolée.

À bout de forces, elle tomba dans une sorte d'inconscience.

« C'est une fille ! Elle est magnifique ! Pierre aurait été si heureux ! Félicitations, Hannah, lui cria Tina avant de commencer la toilette du nouveau-né et d'accomplir quelques rites orientaux pour chasser le mauvais œil.

– Elle est si belle, une vraie poupée, comme Pierre l'aurait aimée. Elle s'appellera Jeanne. »

Si son corps était sorti indemne de l'épreuve, Hannah sombra dans une grave dépression juste après avoir nommé sa fille. Pour ses amis proches ou lointains, les causes étaient évidentes : quelle femme, fût-elle forte comme Hannah, aurait résisté à la mort de son mari, après un si court et si intense moment de bonheur ?

Plusieurs spécialistes lui prescrivirent des cachets, des pilules, des piqûres, du calme surtout. Après une longue période d'alitement, Hannah put enfin se lever, et marcher jusqu'à son boudoir où Tina l'allongeait avec précaution sur son sofa. Elle faisait la toilette de sa maîtresse, lui apportait le bébé pour qu'elle le voie. Hannah tapotait la joue de Jeanne, mais très vite, au moindre pleur, elle montrait des signes d'épuisement, et on renvoyait l'enfant à sa nourrice. Hannah, qui avait perdu sa mère à sa naissance, son père encore jeune, et maintenant son mari, vivait sa solitude comme une malédiction. Et que la France entière fût frappée par le deuil ne l'aidait pas à chasser ce sentiment d'injustice qu'elle éprouvait. Elle s'efforçait de tourner ses pensées vers son bébé, vers l'avenir, mais n'y trouvait que de nouveaux motifs d'abattement. Aurait-elle, à trente-neuf ans, la force d'élever seule son enfant ? Elle perdait peu à peu tout courage moral et physique.

Tina, avec beaucoup de bon sens, refusait pourtant de la considérer comme malade. Au contraire, elle essayait de la faire participer à la marche de L'Orientale, à la vie de Paris. Elle lui taisait les nouvelles tragiques du front, le torpillage du *Lusitania* qui avait fait près de mille deux cents victimes et l'attaque allemande sur Verdun.

Elle lui racontait, en revanche, les progrès quotidiens de Jeanne, son éveil à la vie, son appétit, ses rires, sa gaieté.

« ... Poiret est venu s'enquérir de ta santé. Ainsi que Cappiello qui a déposé ces merveilleuses roses. Tes amis t'aiment beaucoup et ne t'oublient pas. Et je ne parle pas du comte Moïse de Camondo qui passe tous les jours. Les affaires de L'Orientale vont au mieux, nos guichets ne désemplissent pas. Il paraît que Paris est redevenu la capitale des plaisirs ! Les femmes sont très élégantes. Juste en bas de chez nous, les joailliers de la place Vendôme créent des bijoux somptueux. »

Pour Hannah, ces informations sortaient d'un brouillard épais. Comment s'amuser de telles futilités alors que tant d'hommes mouraient dans les campagnes glacées ? Le chaos du monde la laissait interdite. Elle interrogeait cependant Tina à propos du bébé.

« Ne t'inquiète pas. Jeanne mange bien, dort bien et grandit vite. Quant aux familles des militaires à la guerre, nous nous en occupons grâce au fonds de solidarité que tu as créé.

– Et Nissim ? Son père a-t-il de ses nouvelles ?

– Il accumule les félicitations pour son courage au combat. Le comte n'est pas peu fier ! »

1917...

La petite Jeanne commençait à marcher quand sa mère sortit enfin de son apathie. Sa blessure n'était certes pas refermée et elle appelait encore Pierre de toute son âme, mais elle revenait à la vie et s'intéressait de nouveau aux autres.

Jeanne, son Jeannot, sa Jeannette, la comblait par sa tendresse, son espièglerie et sa drôlerie. Hannah se désolait d'avoir perdu tout ce temps pour l'aimer et espérait qu'elle ne lui en tiendrait pas rigueur en grandissant. Elle saurait l'élever et la guider jusqu'à l'âge adulte, elle se l'était juré et en avait fait le serment posthume à Pierre et à son père.

L'Orientale fonctionnait maintenant presque vingt-quatre heures sur vingt-quatre. Les caissières formées par Tina réalisaient le tout-venant des opérations bancaires et s'occupaient du fonds d'aide pour les familles défavorisées. Elles s'étaient aussi lancées dans l'envoi de colis aux militaires, afin d'améliorer leur quotidien sur le front.

Moïse venait chaque soir pour chercher quelque réconfort auprès de son amie, enfin disponible après sa longue convalescence. Il souriait lorsqu'il la voyait arriver, dans ses chiffons d'un autre âge, tenant Jeanne qui se débattait sous son bras droit. « Quel délicieux tableau de la maternité, songeait-il, en se remémorant Irène portant ainsi son Nissim. Dieu, que le temps passe vite… » Voilà que son fils venait de passer son brevet de pilote et était promu lieutenant.

« Il est très doué, aimait-il répéter avec fierté, alors que Jeanne escaladait ses genoux.

– Quel fils merveilleux vous avez là, cher Moïse, répondit Hannah. Quand je pense qu'il vous écrit presque tous les jours malgré les combats. Oh ! quel dommage que Jeanne soit encore si jeune, je les aurais bien vus mariés ensemble, pas vous ? Et, ajouta-t-elle en riant, il n'y aurait enfin plus de contestation sur l'hôtel de la place Vendôme entre les Camondo et les Scemama.

– Aïe ! tu me fais mal, cria Moïse à Jeanne qui agrippait ses moustaches. »

Pour se faire pardonner, la petite lui caressa les joues en disant, toute câline :

« Papa… Papa… »

« Cette petite innocente détient la vérité, pensa-t-il alors. Il est anormal qu'une fillette n'ait pas de père. Dès que Nissim sera sorti de cet enfer, dès que cette guerre sera finie, j'épouserai Hannah, peut-être à la grande synagogue de la rue de la Victoire, et Jeanne deviendra vraiment ma fille. Je lui donnerai autant d'amour qu'à mes propres enfants. »

Mais Hannah semblait pour l'heure bien loin de songer à un éventuel remariage. Elle s'inquiétait autant que lui pour Nissim, son cher neveu, comme elle l'appelait.

« Savez-vous, mon amie, que Nini a reçu une deuxième citation à l'ordre de l'Armée ? Pour la première, son avion avait été touché alors qu'il prenait des photos de la bataille de Verdun, et pour la seconde, il pilotait au-dessus de l'Aisne, à très basse altitude, sans se soucier de l'artillerie allemande. Son courage m'impressionne, j'ai si peur pour lui. Figurez-vous qu'il n'est rentré qu'après avoir rempli sa mission de reconnaissance alors que son avion… – il attendait la réaction de son Hannah – alors que son avion était en flammes !

– Il est fou ! s'exclama Hannah, il est fou de risquer ainsi sa vie ! »

Superstitieuse, elle toucha du bois. La crainte qu'il connaisse le même sort que Pierre était devenue une hantise permanente. Quant à Moïse, il cachait sa déception devant l'attitude de la Turquie, le pays de ses ancêtres, qui s'était rangée aux côtés des Allemands, les ennemis de la France et de son cher fils.

C'est au début de septembre 1917 que Moïse fut frappé de plein fouet par l'affreuse nouvelle : une lettre du lieutenant Rotival, commandant par intérim de l'escadrille F33 à laquelle appartenait Nissim, lui annonçait que son fils était porté disparu. Ses hommes et lui-même avaient vu son avion prendre de l'altitude et partir vers les lignes ennemies… Il n'était pas revenu. Rotival assurait avoir téléphoné partout en quête d'informations. Aucun combat n'avait eu lieu dans la zone ce jour-là… Peut-être qu'une panne de moteur l'avait obligé, avec le sous-lieutenant Desessart qui l'accompagnait, à atterrir au-delà des lignes ennemies… Rotival ne tarissait pas d'éloges sur Nissim et regrettait la terrible angoisse dans laquelle sa missive allait plonger le comte de Camondo.

Moïse remua toutes ses relations : ambassades, Croix-Rouge, Agence internationale des prisonniers, pour tenter d'avoir des nouvelles, sans succès. Tassé dans le fauteuil de sa bibliothèque, il buvait thé sur thé et restait près du téléphone au cas où il sonnerait. Il eut quand même la force d'écrire à Hannah qui, ayant eu vent de la disparition de Nissim, lui avait envoyé plusieurs messages.

Ma chère Hannah, lui disait-il, espérons, vous et moi, ne pas connaître le pire ! Sachant l'amour maternel que vous éprouvez pour mon fils, je devine que nous devons être dans les mêmes transes, la même anxiété. Cette attente est insupportable… Les témoignages d'amitié et d'affection me sont d'un grand réconfort, j'en reçois chaque jour davantage, tous me parlent d'espoir. Vous m'aviez déclaré un soir apprécier la conversation de l'écrivain Marcel Proust. Il m'a écrit une lettre touchante quoique un peu décousue. Je charge mon secrétaire, mon brave Tedeschi, de vous en faire une copie. Espérons, ma chère, prions, et que Dieu bénisse les nôtres.

VOTRE MOÏSE

Hannah trouva jointe la copie de la lettre de Marcel Proust qu'elle lut avec curiosité :

Monsieur, j'apprends avec une profonde tristesse que vous êtes tourmenté par le sort de votre fils. Je ne sais si même mon nom vous dira quelque chose, je dînais autrefois avec vous chez madame Cahen, et plus récemment, quoi que ce soit bien lointain encore, vous m'avez emmené dîner avec le cher Charles Ephrussi que j'aimais profondément. Tous ces souvenirs sont bien anciens. Ils ont suffi pourtant pour que j'aie le cœur serré jusqu'à l'angoisse en apprenant que vous étiez sans nouvelles de votre fils. […] La fatigue de mes yeux ne me permettant pas d'écrire (car sans cela j'aurais aussi écrit à sa mère qui doit être si anxieuse et si désolée), c'est à vous, sachant le père incomparable et si tendre que vous êtes, que j'ai tenu, tout en partageant les soucis de tous, à envoyer mon souvenir le plus profondément ému.

MARCEL PROUST

Dans une autre lettre, Moïse écrivit à Hannah : « Quoique cela ne soit pas très logique, mon espoir diminue avec le temps. J'ai le cœur étreint chaque jour davantage. Comme si cela était possible ? »

Ces fils invisibles qui rattachent les parents aimants à leurs enfants, qui leur permettent de savoir ce qu'ils font et quels dangers ils courent, reliaient presque mystérieusement Moïse et Nissim. À la fin de septembre, le comte de Camondo reçut la confirmation de ce qu'il redoutait depuis la terrible missive du début du mois : son fils, son fils unique, son Nissim, son Nini était mort, le crâne fracassé lors de l'atterrissage forcé de son avion. Il avait vingt-six ans.

1918...

Jeanne était désormais l'unique préoccupation de Hannah, qui, depuis la mort de Nissim, négligeait la banque de L'Orientale et ne recevait plus. Elle passait son temps à jouer à la poupée, à raconter des histoires des *Mille et Une Nuits* à sa fille qui allait vers ses trois ans. Elle lui cousait des robes de princesse et ondulait ses cheveux au fer à friser. Il faut dire que l'enfant était, comme on dit, à croquer avec sa bouche charnue, ses joues rondes et ses boucles qui tombaient en cascade. Ses mines et ses sourires rendaient Hannah folle d'elle, ce qui est normal pour une mère, mais tous ceux qui la voyaient éprouvaient un sentiment identique. Même Moïse, dont l'état d'hébétude faisait peine à voir, semblait revenir à lui en présence de la petite fille. Le pauvre homme était devenu une loque, et sans son monocle noir, il aurait été difficile de le reconnaître. Il marchait en traînant les pieds, les bras loin du corps, l'air hagard. Son seul point de repère restait L'Orientale. Sachant la tendresse qu'éprouvait Hannah pour Nissim, c'est avec elle qu'il en parlait sans retenue. Apprendre, peu de temps après la mort de son Nini, qu'il avait été enterré dans un cimetière allemand avait achevé le malheureux père.

La dépouille de l'aviateur avait été recueillie par les troupes qu'il combattait. Après les vêpres, le dimanche suivant son accident, le cercueil où il reposait fut porté dans le petit cimetière d'Efringen-Avricourt, en Lorraine annexée. Le convoi fut suivi par une trentaine d'hommes et les honneurs militaires lui furent rendus. Ce détail ne consolait pas Moïse, fou de rage et de douleur à l'idée que son fils était enterré si loin de lui, parmi ses ennemis allemands et dans un cimetière chrétien, hérissé de croix de bois ! Cette pensée lui était à proprement parler insupportable.

Moïse pouvait exprimer ses sentiments désordonnés à Hannah, elle comprenait. Il employait maintenant le peu de force qui lui restait à essayer de faire rapatrier le corps de Nissim, mais il se heurtait au refus des autorités militaires qui avaient pour règle de ne jamais exhumer un cadavre. Et ce n'est que deux mois après la fin de la guerre que Moïse put enfin recueillir la dépouille de son fils et l'inhumer avec les siens, au cimetière de Montmartre.

Hannah, qui partageait le désespoir de son ami, fut néanmoins choquée quand il lui révéla avoir éconduit une jeune femme, une certaine Renée Dorville, qui disait être le dernier amour de Nissim. Le jeune homme, au cours d'une de ses permissions, avait présenté son amie à Hannah, qui l'avait trouvée tout à fait charmante. Elle ne comprenait pas pourquoi Moïse l'avait rejetée.

« Mais quelles sont vos raisons ? demanda-t-elle, énervée. Cette pauvre fille doit souffrir autant que vous ! Il est de votre devoir de l'aider ! Du moins financièrement.

– Bah ! répondit le père blessé, elle est venue avec toute la correspondance de Nissim comme preuve de leur amour. Mon fils semblait très épris de cette Dorville, je le reconnais, mais enfin, cette fille n'a aucune éducation. Figurez-vous qu'elle m'a montré une lettre dans laquelle Nissim lui léguait, en cas de décès, cent mille francs !

– Et alors ? s'exclama Hannah, outrée. Donnez-les lui, voyons !

– Elle veut également aller se recueillir sur la tombe de Nissim, dans notre caveau familial. Bref, des sornettes. »

Hannah sentait la rage monter en elle. Comment faire entendre à cet homme sourd et meurtri qu'il n'était pas le seul à souffrir de la disparition de Nissim ? Rendu intransigeant par son désespoir, il se montrait injuste et mesquin.

« Elle va sûrement utiliser les lettres de Nissim pour vous intenter un procès.

– C'est fait, admit-il avec amertume, et j'ai été sommé de lui donner un double des clefs de notre caveau à Montmartre. »

L'attitude bornée de Moïse rappelait étrangement à Hannah celle de son cousin Isaac qui, jusqu'au bout, avait refusé d'épouser sa compagne Lucy Berthet et même de reconnaître les deux fils nés de leur liaison. Ces femmes, toutes deux catholiques, n'avaient-elles pas été rejetées par les Camondo uniquement parce qu'elles n'étaient pas juives ?

Cinquième partie

1925-1935

1925…

Depuis la mort de Nissim, le nom des Camondo était voué à disparaître. L'univers affectif de Moïse était anéanti ainsi que ce pour quoi ses ancêtres et lui-même avaient tant travaillé : l'instauration d'une dynastie. Le rêve des Camondo s'était brisé en même temps que l'Empire ottoman qui les avait vu naître. À la fin de la guerre, la puissance des sultans, des pachas et des vizirs s'était effondrée, et un officier, Mustafa Kemal, qu'on appelait Atatürk, c'est-à-dire le « père des Turcs », avait pris le pouvoir en 1923. Il avait transféré la capitale d'Istanbul à Ankara et entendait faire de la Turquie un État républicain, moderne, laïc et indépendant.

Moïse comprenait, s'il ne l'admettait, ce souci d'aller de l'avant, mais il ne pouvait s'empêcher d'éprouver de la nostalgie pour l'ancien régime qui avait permis aux Camondo de s'élever, comme pour ce monde de lumières et d'ombres, de splendeurs et de misère, d'injustices et d'ambitions qu'avait été l'Empire.

Béatrice s'était mariée en 1919 avec un homme charmant, issu d'une illustre famille, Léon Reinach. L'oncle avait été le directeur de cabinet de Gambetta ainsi qu'un dreyfusard de la première heure, et son père était membre de l'Institut.

Certes content pour sa fille et délivré d'un lourd fardeau, Moïse avait cependant le cœur en berne : Béatrice n'était pas Nissim, elle ne le remplacerait jamais et ne s'appelait même plus Camondo.

La jeune femme avait pourtant tenté de diminuer la peine de son père en venant s'installer chez lui, dans l'hôtel de la rue de Monceau, avec son mari et sa fille Fanny née un an après son mariage. Mais à la naissance de leur fils Bertrand, en 1923, ils étaient partis s'installer à Neuilly.

Moïse aimait ses petits-enfants et ne pouvait s'empêcher de rechercher en eux des traits de son Nini. N'en retrouvant pas, il se lassait vite de leur compagnie. Il se repliait de plus en plus sur lui-même, par chagrin et pour des raisons de santé : sa surdité était devenue complète avec l'âge. Il se désintéressait entièrement de ses affaires et sa seule distraction était ses visites régulières à sa Sultane de la place Vendôme.

Hannah, elle, constatait à quel point elle vieillissait simplement en regardant Tina. Sa femme de chambre et amie s'était tassée et une sorte de bosse était apparue sur son dos voûté. Hannah se souciait peu des rides qui marquaient son propre visage ; la raideur qui gagnait ses membres et gênait ses mouvements l'inquiétait bien davantage. Pour Jeanne encore si jeune et qui avait grand besoin d'elle, elle devait ralentir l'engrenage de la vieillesse. Le meilleur moyen d'y parvenir, pensa-t-elle, était encore le travail.

Aussi, elle descendait tôt le matin à la banque contrôler les dernières transactions et l'état des comptes. Rien ne lui échappait, et ses employés n'essayaient même pas de la faire fléchir ou de l'apitoyer sur la situation délicate de tel ou tel client. Son instinct était infaillible, et si elle jugeait qu'il fallait rayer un nom, on savait qu'il valait mieux obtempérer à la seconde même. Plus souvent à son bureau que dans son boudoir, elle y avait installé un écritoire pour Jeanne et son institutrice. Pendant que la fillette s'appliquait sur ses tables de multiplication de façon amusante, Hannah jonglait avec les millions, préconisait un achat de valeurs en Bourse, investissait encore dans l'immobilier, poussait Tina à réclamer les loyers avec plus de fermeté. La soi-disant banquière Marthe Hanau l'agaçait : sa « rivale » conseillait des milliers de petits épargnants dans *La Gazette du franc,* ce qu'elle ne voyait pas d'un très bon œil.

Investie du rôle de chef de famille – rôle qu'elle assumait de fait depuis la mort de son père –, Hannah travaillait sans relâche pour assurer l'avenir de Jeanne. Le but qu'elle s'était fixé excusait tout à ses yeux, même son manque d'humanité en affaires. Elle ne faisait rien, en bien comme en mal, sans penser à sa fille, qui n'avait qu'elle au monde. Dès que les paroles de Pierre à propos de son goût du pouvoir revenaient à son esprit, elle s'empressait de les chasser pour évoquer à leur place des images de l'avenir : Jeanne à son premier bal, Jeanne en robe de mariée, Jeanne avec un enfant. Hannah consacrait à sa fille toute son énergie et toute son affection. À travers elle, c'était pour ainsi dire Pierre qu'elle continuait d'embrasser et de caresser.

Hannah se demandait parfois, en regardant sur la place Vendôme ces femmes actives en robes fluides qui découvraient les jambes et coiffées de petits chapeaux cloches, l'image que conserverait d'elle sa fille : une vieille folle décharnée, dans un costume d'un autre âge, une excentrique qui vivait hors du monde ? Devait-elle changer de style et quitter sa tour d'ivoire ? N'était-ce pas trop tard et trop périlleux aussi… ? Elle en était là de ses réflexions lorsque la femme de chambre lui annonça la visite de Moïse. Elle avait toujours plaisir à le voir, malgré leurs divergences d'opinion, car il lui rappelait les deux hommes qu'elle avait peut-être le plus aimés : Isaac et Nissim.

Ce jour-là, elle trouva son ami moins accablé que d'habitude et il but même un doigt de porto. Jeanne avait pris place sur les genoux du comte de Camondo, qui se demandait s'il n'aimait pas davantage cette fillette que ses propres petits-enfants.

Ils évoquèrent les brillantes réceptions du passé, les artistes qui les enchantaient : Marcel Proust, décédé depuis trois ans, dont Hannah regrettait de ne plus voir la fine silhouette, toute de noir vêtue, pénétrer à l'heure du thé au *Ritz* ; Modigliani, miné par les excès de boisson, qui avait, lui aussi, été emporté par la maladie… Puis ils en vinrent, tout naturellement, à parler de la situation politique en Italie : l'instauration de la dictature par Benito Mussolini, le chef du mouvement fasciste italien, les préoccupaient beaucoup.

Le soir tombait et Hannah sonna la gouvernante afin qu'elle vienne chercher Jeanne pour lui donner son bain. La fillette fit semblant de pleurer en quittant Moïse, ce qui eut le don de le faire enfin sourire. « Cette petite me fait fondre », dit-il en caressant sa moustache.

Ils s'assirent côte à côte sur le sofa recouvert de kilims et Moïse dit à son amie :

« Chère amie, je crois tenir enfin l'idée qui permettra à la mémoire de Nissim de survivre et au nom des Camondo de ne pas s'éteindre tout à fait. »

– Vraiment ? Donnez-moi vite des détails…

– J'envisage de transformer l'hôtel de Camondo, avec ses collections d'objets d'art et son mobilier du XVIIIe siècle, en musée. J'en ferai don au musée des Arts décoratifs à la condition expresse qu'il porte l'appellation de musée Nissim-de-Camondo. »

Quelque temps plus tard, Hannah reçut la visite d'un inconnu qui était peut-être aussi un très lointain parent. Roger Scemama venait de quitter Livourne pour s'installer à Paris. Timide mais bien élevé, fils du chirurgien du roi Victor-Emmanuel, le jeune homme expliqua à la Sultane que son envie de la connaître était grande depuis des années :

« Votre réputation, Madame, m'a toujours fasciné. Pour certains Livournais, vous êtes une héroïne des temps modernes. Les jeunes filles rêvent de votre indépendance et de la manière dont vous conduisez votre vie. Quant aux plus anciens, ils se souviennent que vous avez sauvé le port de Livourne et rendu leur travail à des milliers de marins et de dockers. »

Hannah le regarda avec reconnaissance. C'était si doux pour elle d'apprendre que la ville où elle était née ne l'avait pas complètement oubliée.

« Que venez-vous faire à Paris, cher Roger ? lui demanda-t-elle afin de cacher son émotion.

– Je suis représentant en boutons, mais je rêve de créer des bijoux fantaisie. »

Il sortit d'un coffret en velours bleu une merveilleuse broche qui figurait une sorte d'hippocampe, composé de pierres violettes, entouré de strass et posé sur du bois brut. Hannah ne put contenir une exclamation :

« C'est sublime ! Vous allez révolutionner la joaillerie parisienne !

– Hélas, je ne connais personne, Madame, et je ne sais à qui m'adresser. Vous êtes ma seule ressource. »

La Sultane réfléchit quelques instants. Les plus grands bijoutiers – Cartier, Boucheron, Van Cleef & Arpels – étaient ses voisins. Mais, plutôt que de l'adresser à l'une de ces prestigieuses maisons d'une manière anonyme, elle devait offrir à ce jeune homme au talent si prometteur une aide plus personnelle :

« Je vais vous confier, mon petit Roger, des pierres d'ambre que je tiens de ma mère. Faites-m'en des colliers, des sautoirs, des broches, ce que vous voulez, je vous fais confiance. Ensuite, je vous écrirai une lettre d'introduction auprès de René Boivin, le joaillier de la rue de Turbigo, qui a épousé Jeanne Poiret, la sœur de mon grand ami Paul. Il vous trouvera certainement un emploi.

– J'ai entendu dire que Paul Poiret avait des difficultés. »

Hannah répondit par un signe fataliste de la main.

1933-1935

Hannah, qui s'était réjouie que Moïse eût trouvé un nouveau but à son existence, l'encouragea à poursuivre son projet.

Le comte de Camondo s'efforçait d'enrichir ses collections, et son hôtel, qui n'avait pas encore le nom officiel de « musée », n'ouvrait plus guère ses portes qu'aux intimes ou aux chercheurs qui venaient étudier ses trésors.

Tout à la réalisation de son rêve, il ne se préoccupait plus des soubresauts du monde, contrairement à Hannah qui, depuis la Grande Guerre, disséquait chaque crise dans la crainte d'y voir germer une nouvelle catastrophe. Elle avait suivi l'ascension puis l'arrivée au pouvoir d'Adolf Hitler en Allemagne. L'idée qu'il puisse s'allier à l'Italien Mussolini la terrorisait. Les puissants États-Unis d'Amérique se remettaient avec peine du krach boursier qui avait fait vaciller les bases de l'économie internationale. Quant à la France, elle venait d'être secouée par un scandale financier qui avait conduit à l'incarcération de la propriétaire de *La Gazette du franc,* Marthe Hanau. Cent millions avaient été escroqués aux petits épargnants qu'elle prétendait aider : « Ces agissements, se disait Hannah, peuvent salir la réputation de tous les établissements bancaires et surtout du mien, dirigé lui aussi par une femme. »

Hannah s'inquiétait aussi des relations de Moïse avec sa fille. Apparemment, il n'avait pas jugé nécessaire d'informer Béatrice du destin qu'il réservait à l'hôtel du parc Monceau. Elle était à ce jour l'unique héritière de sa fortune et de ses biens immobiliers. Or, bien qu'elle semblât ne se préoccuper que de chevaux, on la disait aussi près de ses sous. Comment réagirait-elle en apprenant que son père allait transformer en musée la luxueuse demeure où elle avait grandi ? On murmurait également que son mariage avec Léon Reinach n'était guère harmonieux, les époux ayant des goûts totalement opposés.

Hannah en était là de ses réflexions quand la femme de chambre lui annonça justement la visite de Béatrice. Très surprise, elle eut juste le temps de terminer le trait de khôl sur son œil avant de la recevoir.

La jeune femme était telle qu'elle se l'était imaginée : grande, mais sans grâce, des traits durs et une expression arrogante, le menton en avant. Hannah la pria de s'asseoir, ce qu'elle fit, restant toutefois au bord de son siège, droite et frémissante. Elle lui demanda ensuite des nouvelles de ses enfants, Fanny et Bertrand. Béatrice répondit à peine, ne s'inquiétant même pas de Jeanne, comme la politesse l'aurait exigé. « Mais alors, que vient-elle chercher chez moi, cette femme revêche ? » se demandait Hannah en remuant encore et encore la cuiller dans sa tasse de thé. Elle attendait des explications de Béatrice.

« Madame, lui dit-elle enfin, je vous sais très liée à mon père.

– En effet, le comte de Camondo est un de mes excellents amis, tout comme le fut jadis votre oncle Isaac.

– Mon père a dû vous parler de son intention de transformer notre hôtel en musée dédié à la mémoire de mon regretté frère…

– En effet, fit prudemment Hannah.

– Vous avez la réputation d'une femme de bon sens, aussi je suppose que vous devez juger ce projet qui me dépossède proprement scandaleux. »

La Sultane posa sa tasse de thé sur un guéridon pour éviter de répondre.

« Madame, je suis venue vous prier instamment de faire revenir mon père sur son aberrante décision ! »

Les deux femmes se fixèrent un instant comme des duellistes jaugeant leur adversaire.

« Hélas, finit par déclarer Hannah, je ne crois pas que cela soit en mon pouvoir. Non seulement votre père est très déterminé, mais ce but est aussi le seul remède à sa douleur d'avoir perdu un fils.

– Peut-on dépouiller les vivants pour les morts ? s'écria presque Béatrice. Aujourd'hui, je vis à Neuilly avec mon époux, mais je désire revenir à Paris, dans les mêmes conditions qu'autrefois. N'est-ce pas légitime ?

– Je suis vraiment désolée, mais je ne peux rien pour vous, répondit calmement Hannah.

– Dans ce cas… »

Béatrice tourna la tête vers l'enfilade des salons de l'Orientale, où ses yeux perçants semblaient faire l'inventaire du mobilier précieux, des objets d'art et des tableaux. Cette inspection ostensible déplut souverainement à Hannah qui sentit le malaise et le dégoût monter en elle. Cette femme était méprisable.

« Votre demeure me plaît, dit enfin Béatrice en essuyant les coins de sa bouche avec un mouchoir brodé, je m'y verrais bien. »

Hannah ne dit rien et attendit la seconde salve.

« Il est beau, ses proportions sont belles, la vue y est sublime. Il manque bien sûr des écuries. Mais cette officine que vous appelez, je crois, “banque”, est facile à transformer pour accueillir des chevaux…

– Pardon ? fit Hannah d'un ton coupant.

– Vous m'avez bien entendue. J'ai appris par ma mère, la comtesse Sampieri, que cet immeuble revenait de droit aux Camondo. Aux Camondo dont je suis l'unique héritière. Donc, il est à moi. (Et elle continua sur le même ton sec alors que la colère montait en Hannah.) Je sais que mon arrière-arrière-grand-père l'avait offert à son épouse Clara et je n'ai qu'à demander à notre notaire des extraits de l'acte de propriété. Je récupérerai cet hôtel car il me revient de droit ! Vous n'êtes qu'une usurpatrice qui a abusé de la confiance d'hommes naïfs comme mon oncle et mon père. »

Hannah, se maîtrisant à grand-peine, se leva pour signifier la fin de l'entretien et déclara d'une voix froide :

« Cette conversation oiseuse, Madame, a assez duré. À votre titre de propriété je peux opposer celui, bien plus probant, établi à mon père, le duc Nessim, par l'impératrice Eugénie en personne. »

Elle planta là sa visiteuse, interdite, et regagna ses appartements.

Hannah n'importuna jamais Moïse avec le récit de cette visite. Elle agissait de même que des années auparavant, lorsqu'Irène lui avait fait une scène sur le même sujet. Isaac et Moïse savaient tous les deux que leur titre de propriété, signé par le duc de Morny mais nullement enregistré chez le notaire, n'avait aucune valeur face à l'acte paraphé par l'impératrice Eugénie et notarié en bonne et due forme. « Pour la place Vendôme, pensa-t-elle, les Scemama l'emporteront toujours sur les Camondo. »

C'est par une lettre de Béatrice que Hannah apprit, deux années plus tard, la mort de Moïse. Celle-ci la priait en termes presque affectueux de lui pardonner sa conduite et lui disait pleurer avec elle la mort de son père, le dernier des Camondo et un des derniers Juifs ottomans à avoir connu la magnificence de l'Empire disparu et de ses sultans aux coiffes en forme de pastèque soyeuse.

Entourée de fantômes, Hannah ne vivait plus que pour Jeanne et s'inquiétait pour son avenir. Que deviendrait-elle quand elle-même disparaîtrait ?

Mais comme souvent quand une porte se ferme, s'en ouvre une autre dont on ignorait l'existence. Un jour où Hannah n'avait pu se résoudre à quitter son lit tant elle se sentait triste, on lui annonça la visite d'une certaine Maya Enriquez. Étonnée, elle se prépara vite pour la recevoir et se trouva bientôt devant une toute jeune femme très intimidée. L'inconnue était brune et belle, modestement habillée mais à la mode.

« Madame Enriquez ?

– Bonjour, Madame. Vous ne me connaissez pas, mais vous comprendrez mieux le sens de ma visite quand je vous dirai que je suis la fille de Myriam, votre cousine de Tunis. Ma mère m'a souvent parlé de vous…

– Mais que faites-vous à Paris, ma petite chérie ?

– Mon mari, Aldo, collabore au journal de Léon Blum, *Le Populaire*. Il a été expulsé de Tunisie en raison de ses opinions favorables aux Tunisiens, pour qui il réclamait davantage de libertés et d'indépendance. C'est un homme très bien, ajouta-t-elle, un peu gênée, en inclinant la tête sur le côté. Nous louons un appartement square Montholon et tout va bien. Pardonnerez-vous un jour mon audace d'avoir frappé à votre porte, Madame ?

– Non seulement je vous pardonne, mais j'en suis très heureuse ! Ma fille Jeanne est à peu près de votre âge et je suis sûre que vous allez devenir de grandes amies. Je me fais tant de souci pour elle que votre arrivée est une bénédiction. Surtout, ne m'appelez plus Madame, mais tante Hannah. »

1935…

Ce fut un très bel anniversaire que celui organisé par Hannah pour les vingt ans de sa fille. L'Orientale, ornée de tentures de mousseline dorée et de voiles rouges, éclairée uniquement par des flambeaux et des lumignons, embaumait le musc, l'encens, le jasmin et la fleur d'oranger.

Jeanne, vive et menue, délicieuse dans sa robe en satin ivoire de madame Lanvin, conduisait les invités vers sa mère, allongée comme de coutume sur son sofa, qui réservait un accueil amical et un mot personnel à chacun. Hannah avait revêtu un caftan aux motifs cachemire, retenu par une broche en ambre serti de rubis et de perles, œuvre de son protégé, Roger Scemama, devenu bijoutier chez Elsa Schiaparelli.

Ce qui frappait le plus dans cette fête, c'était l'aspect très hétéroclite de la société conviée. Il y avait, bien sûr, les intimes de Jeanne : François-Gérard Seligmann, le plus jeune fils de l'antiquaire de la place Vendôme, que Hannah avait longtemps rêvé voir devenir son gendre, et le cercle des amis de sa fille au lycée Condorcet… L'assemblée était pourtant dominée en nombre par d'étranges personnes qu'aucun proche de la famille ne semblait connaître et qui ne se connaissaient pas entre elles. Malgré leurs vêtements décents et la grande civilité de leurs manières, elles intriguaient par leurs regards effarouchés.

Après le scandale de *La Gazette du franc* et le suicide de Marthe Hannau en prison, Hannah avait fermé sa banque. Elle ne désirait pas prêter le flanc, de quelque façon que ce fût, aux détracteurs mal intentionnés, si nombreux. Elle avait pris cette décision après s'être assurée que l'avenir de ses employés et celui de sa fille était garanti pour le restant de leurs jours.

Jeanne lui avait communiqué son besoin de se rendre utile. Elles avaient la chance de vivre en France, dans le luxe, alors que de nombreux Juifs d'Allemagne ou d'Autriche connaissaient les privations, l'exil ou les prisons depuis l'arrivée de Hitler au pouvoir.

« Ici, avait plaidé Jeanne, même si l'extrême droite gagne en puissance, nous ne connaîtrons jamais un tel cauchemar. Aussi, il est de notre devoir de les aider. » Jeanne, en contact avec les mouvements d'entraide aux réfugiés, avait donc mis les locaux de l'ex-banque à leur disposition. Des bénévoles comme Maya, sa lointaine cousine de Tunis, leur trouvaient des vêtements, des logements, du travail.

L'arrivée de Léon Blum à la présidence du Conseil et la participation de trois femmes à son gouvernement avaient apaisé les craintes de Hannah, également réconfortée par la vive amitié née entre Jeanne et Maya, dont les rondeurs laissaient deviner une proche maternité. Aldo, son mari, discutait souvent avec le docteur Schwartz, un autre habitué du centre d'accueil. Très *Mitteleuropa*, disciple de Freud, Carl Schwartz était bel homme et ressemblait au compositeur Gustav Mahler.

Jeanne, peu avant son anniversaire, s'était jetée en pleurant dans les bras de sa mère pour lui confier son amour pour le docteur Schwartz.

« Il est si bon, si intelligent… Je l'aime, maman !

– Que crains-tu, ma chérie ? Cours le lui dire ! lui cria-t-elle, se remémorant ses propres occasions perdues.

– Maman, sanglota alors Jeanne, il est marié. Sa femme et ses deux enfants sont restés à Vienne. Il s'inquiète beaucoup pour eux, à cause des discriminations contre les Juifs, des attentats. Il part les chercher la semaine prochaine, puis ils iront s'établir à New York. Maman, c'est la fin de mon histoire, la fin de ma vie. Carl me jure qu'il n'aimera jamais que moi. Qu'il n'éprouve que de la tendresse pour son épouse, dont il est séparé depuis plusieurs années. Mais je suis sûre qu'en Amérique, au milieu de sa famille, il m'oubliera vite.

– Ma chérie, calme-toi. Tu es jeune, tu as la vie devant toi, c'est toi qui l'oublieras. Tu trouveras la force de le laisser retourner vers sa femme, c'est la sagesse. Tu dois te dégager de ce guêpier.

– Tu as peut-être raison. Mais jamais, sache-le, jamais je ne pourrai l'oublier. Carl restera toujours mon seul amour. »

Hannah demeura un long moment sous le choc des aveux de sa fille : la savoir amoureuse d'un homme marié la plongeait dans une grande détresse. Cela la ramenait à l'époque lointaine de sa passion pour John Lewis : elle se demandait par quel manque de lucidité elle n'avait pas deviné que Carl était marié. Plusieurs indices auraient dû l'alerter : dès qu'elle l'interrogeait sur son existence passée à Vienne ou sur ses projets d'avenir, il devenait évasif. « Peut-être, songeait Hannah, étais-je aveuglée par mon désir de le voir rendre Jeanne heureuse ? »

Hannah se rappelait ses conversations avec Carl, signe qu'ils avaient noué de véritables liens d'amitié. Il venait souvent à L'Orientale, même lorsque Jeanne était absente. Il priait son hôtesse de ne pas bouger de son vieux sofa, se plaçait légèrement en retrait, sur une chaise. Il parlait souvent de Freud et de ses méthodes, lui racontait comment les œuvres de son maître avaient été brûlées à Berlin en 1933, mais le vieil homme, malgré le danger, refusait toujours de quitter son appartement du 19, Berggasse, à Vienne.

Hannah s'inquiétait à nouveau pour l'avenir de sa fille, dans une Europe intolérante et belliciste. Seule la présence de Maya et d'Aldo la rassurait un peu : s'il lui arrivait quelque chose, Jeanne ne serait pas seule au monde.

C'est avec joie qu'elle apprit, à la fin de l'année 1935, l'inauguration du musée Nissim-de-Camondo. Le président Lebrun en personne s'était attardé un long moment sous la voûte menant à la cour d'honneur, où une plaque était apposée. Celle-ci rappelait le souvenir de Nissim, disparu à la guerre. La mission de Moïse était enfin remplie, ainsi que celle d'Isaac. Grâce à leur obstination, leur nom survivrait toujours. Les derniers Camondo ne seraient pas oubliés par l'histoire.

Sixième partie

1938-1942

Paris, 1938

Le palais des *Mille et Une Nuits* de la place Vendôme devenait, au fil des mois, le quartier général des exilés en provenance de l'Allemagne et de l'Autriche. La maison de l'Orientale était leur point de ralliement, leur planche de salut.

Jeanne se consacrait entièrement à ses hôtes. Le casino, débarrassé de ses oripeaux dérisoires, tentures de cachemire et colonnes de porphyre, ressemblait maintenant à un dispensaire. Certains réfugiés arrivaient directement de la gare et s'installaient avec leurs maigres bagages, le temps d'être dirigés vers un centre d'accueil.

Maya, portant son bébé de deux ans, se rendait tous les jours chez sa tante. Grâce à ses contacts avec les organisations juives, elle savait à quelle porte frapper pour aider les malheureux : elle parvenait ainsi à trouver un logement et un petit boulot à chacun. À la femme de Francfort, elle proposa un stand de saucisses, au Polonais, une place chez un fourreur, à la Munichoise, un local pour faire de la pâtisserie, à un autre, un emploi de relieur.

Hannah quittait parfois sa chambre et faisait quelques courtes apparitions. Des mèches blanches s'échappaient de son turban doré et sa démarche claudicante semblait mal assurée. Les étrangers la regardaient avec étonnement. Elle ne parlait à aucun d'entre eux, comme perdue dans ses pensées.

Les histoires de ces émigrés étaient plus abominables les unes que les autres : une octogénaire raconta qu'elle avait été rouée de coups en sortant d'une synagogue à Munich ; un père avait vu son fils, engagé politique, emmené vers un camp à Dachau ; une femme avait dû se séparer de son mari, chirurgien à Berlin, afin de ne pas briser sa carrière, menacée par l'interdiction des mariages mixtes… Artistes et savants, juifs ou antinazis, tous fuyaient l'horreur pour vivre libres, à Paris ou, si possible, en Amérique, où malheureusement seuls les nantis étaient admis.

Hannah, qui vivait retirée dans les appartements, priait pour le bonheur de sa fille. Ses vœux furent finalement exaucés : Carl revint de New York où il avait installé sa famille, avec une bonne nouvelle : son épouse acceptait le divorce, Jeanne pouvait enfin être sa femme.

Mais, quelques semaines après son retour, Jeanne vit de nouveau le beau visage de Carl crispé par l'angoisse. Depuis l'annexion de son pays par Hitler, il recevait des informations alarmantes de sa ville natale :

« Je pars demain pour Vienne, par le train de nuit. Je dois m'occuper de ceux qui sont restés là-bas. »

Il détourna les yeux pour ne pas voir les traits de Jeanne baignés par les larmes. Il ne devait pas se laisser attendrir afin de ne pas perdre son courage. Il expliqua que son père, le docteur Schwartz, refusait de quitter la capitale autrichienne. Carl s'inquiétait aussi pour sa sœur Elsie, seule avec deux enfants. Il devait les convaincre de fuir et aider son maître, le docteur Freud, à préparer son départ.

« Les nazis ne respectent rien, ni son savoir, ni sa notoriété mondiale, Freud est juif, les hitlériens vomissent ses théories. »

Jeanne, déjà femme, avait compris les raisons de l'apparente froideur de Carl à son égard ; il voulait la maintenir à l'écart du danger. Mais sa décision était prise : si Carl partait, elle le suivrait. Ce soir-là, elle embrassa un peu plus tendrement qu'à l'accoutumée sa mère et Tina, puis leur écrivit un billet d'adieu :

Petite maman et tante Tina chéries,

Ne m'en veuillez pas, je pars avec Carl. Je ne puis me résoudre à le laisser seul dans la tourmente. Je veux l'aider de mon mieux à organiser la fuite de Vienne de ses parents et de son vieux professeur. Carl ne m'a rien demandé. Il ignore qu'il me trouvera dans le même train que lui. C'est le destin d'une femme d'être proche, en toutes circonstances, de l'homme qu'elle aime, tu me l'as assez répété, Maman chérie. Nous reviendrons, j'en suis sûre, et nous aurons, auprès de vous deux, une vie longue et heureuse. Je vous embrasse et je vous aime.

Votre fille,

JEANNE

Elle se sentait un peu lâche de ne pas oser s'expliquer de vive voix, tout en étant consciente d'accomplir ainsi son premier acte d'indépendance. Sa mère comprendrait sa décision, Jeanne s'efforçait de s'en convaincre. Hannah elle-même, lorsqu'elle était jeune, n'avait-elle pas quitté sa ville et son passé pour suivre à Tunis l'homme qu'elle aimait ? Oui, sa mère l'aurait sûrement encouragée à partir avec Carl ! Mais entre la compréhension d'une mère et son amour blessé, il y avait un fossé que Jeanne refusait d'envisager. Elle confia la tâche de veiller sur les deux vieilles femmes à sa cousine Maya, qui tenta, en vain, de la raisonner.

Sa valise à la main, elle jeta un dernier regard sur sa chambre. Elle dit adieu à sa jeunesse, à ses souvenirs : des trèfles à quatre feuilles desséchés entre les pages des livres aimés, des coussins de satin, des photographies…

À la gare, elle croisa, débarquant du train qu'elle allait prendre, des familles au regard craintif. Ils étaient nombreux à essayer de s'expliquer dans un français rocailleux et approximatif, à chercher une adresse inscrite sur un bout de papier. Partout alentour, on entendait le même cri : « Frontière fermée ! La frontière est fermée ! » Le cœur de Jeanne se serra. N'était-elle pas, à cause de son amour pour Carl, en train de se jeter dans la gueule du loup ? Et avait-elle le droit, dans sa fourrure de jeune fille riche, de se mêler des histoires qui ne la regardaient pas ? Carl n'allait-il pas la trouver indiscrète ? Elle monta dans le wagon presque vide, direction Vienne.

Seul dans son compartiment, Carl fumait avec nervosité. Dès qu'il la vit, il la couvrit de baisers, la traita de folle, riant d'étonnement, de joie, de surprise :

« Tu es ma femme. Quand nous en aurons fini avec Hitler, tu seras madame Schwartz ! Madame Carl Schwartz ! Je te le jure. Reste Jeanne Dhuit pour le moment. Ton nom aryen nous aidera… Je t'aime ! »

Emportés par le train de la peur, ils surent se réconforter, ils s'aimèrent.

Jeanne disparut ainsi de la vie de sa mère, sans jamais plus lui donner de nouvelles.

Prostrée devant la fenêtre, la Sultane écartait les lourdes tentures de sa main flétrie. L'ordonnance parfaite de la place Vendôme avait quelque chose de sinistre et Paris était gris. Son lit à baldaquin, surchargé de fourrures et de satin, abritait ses sanglots. Dans sa chambre flottait une odeur malsaine de renfermé, de parfums éventés. Ses vieux membres tremblaient dans ses misérables sarouels de mousseline. Son khôl se répandait dans les rides de son visage fané d'avoir trop pleuré.

Elle n'entendait pas Maya ni ceux qui l'aimaient encore. Elle ne recevait même plus son cher Roger Scemama dont elle possédait quelques-uns des plus beaux bijoux, réalisés avec ses pierres d'ambre gris. Elle repoussait les plateaux qu'on lui servait. Elle ne s'alimentait presque plus et attendait sa fille qui ne revenait pas. Maya essayait de la raisonner :

« Tante Hannah, il faut réagir. Vous ne pouvez pas vous laisser mourir de faim. Vous avez été si combative dans le passé. N'oubliez pas que le port de Livourne a survécu, dans le temps, grâce à vous. Je vous en prie, ne vous laissez pas aller. Jeanne reviendra. Elle a voulu accompagner Carl, mais elle vous aime plus que tout au monde. »

Des larmes coulaient des yeux flétris. Elle dodelinait de la tête, des mèches à la teinture passée s'échappaient de son turban. Elle répétait : « Hitler ! Hitler ! »

« Jeanne avait-elle le droit, fût-ce au nom de l'amour, d'abandonner sa mère ? » se demandait Maya. Elle devait savoir que la vieille femme n'y survivrait peut-être pas, mais elle était quand même partie. Maya n'arrivait pas à la comprendre. Peut-être portait-elle un jugement sévère parce qu'elle-même n'avait pas eu la chance d'avoir sa mère près d'elle, ce qui l'avait toujours empêchée de jouer à la jeune fille gâtée.

La Sultane pleurait dans son fauteuil. En voyant l'état dans lequel elle était, Maya se reprochait de ne pas avoir retenu le départ de Jeanne. À la gare, où elle s'était rendue pour tenter de la convaincre d'abandonner son projet fou, elle n'avait pas eu le courage d'intervenir. Elle avait aperçu, à travers la vitre du train, Carl qui serrait Jeanne avec violence, qui couvrait son visage de baisers.

Maya n'avait pas fait un geste pour la retenir. Il y avait tellement longtemps que sa jeune cousine attendait ce moment. Des mois qu'elle en parlait à Maya. Comment la priver de ce bonheur ? Jeanne devait, elle aussi, suivre son destin, manifestement opposé à celui de ces milliers de réfugiés qui débarquaient en gare de l'Est, chargés de misérables bagages.

Paris, 1939-1942

L'attente sans fin, horrible, avait commencé pour Hannah et Tina. Hannah avait poussé près de la fenêtre son vieux sofa à la soie déchirée, pour mieux guetter le retour de Jeanne. Elle gardait le téléphone et la TSF à portée de main. Hannah et Tina s'installaient à leur poste dès le point du jour, et les bijoutiers, les clients du Ritz et des boutiques ne levaient même plus les yeux sur l'étrange spectacle offert depuis tant de semaines : une silhouette spectrale en voiles blancs, une femme ridée, mal coiffée d'un turban doré et vêtue d'un déguisement oriental, semblable à une caricature de Schéhérazade. Le temps passait sans qu'elles aient reçu la moindre nouvelle et elles commentaient ce silence :

« Carl a dû être arrêté, comme tant d'autres Juifs, mais Jeanne, pourquoi ? Elle n'a pas été baptisée, c'est vrai, mais elle porte un nom sans équivoque : Jeanne Dhuit, on ne fait pas plus catholique ! Elle n'est juive que par sa mère, et on ne peut pas le deviner. Peut-être aura-t-elle voulu suivre Carl et partager sa destinée… »

Seules les visites de Maya et de sa fillette tiraient les deux femmes de leur isolement. Depuis que la France avait déclaré la guerre à l'Allemagne, la jeune Tunisienne les suppliait de partir, avant qu'il ne fût trop tard, vers les États-Unis où s'exilaient les familles juives fortunées, mais elle se heurtait à un mur de résignation. Hannah, son turban drôlement penché sur la tête, lui répondait avec un petit sourire frondeur :

« Voyons, ma chérie, tu sais bien que j'attends Jeanne ! »

La solitude des deux vieilles femmes ne fut même pas troublée par l'entrée des troupes allemandes dans Paris, en juin 1940. Elles remarquèrent pourtant les uniformes verts qui se pavanaient au *Ritz,* sur lequel flottait la croix gammée…

Leur esprit semblait égaré, appartenant déjà à un autre monde. Que signifiait pour elles cette « collaboration avec les Allemands » recommandée par le maréchal Pétain ? Vraiment, elles n'en avaient aucune idée, pas plus qu'elles ne comprenaient ce statut de Juif qui venait d'être décrété. Elles réalisèrent à peine quand Maya, effondrée, leur annonça son départ pour Tunis :

« Ma tante, venez avec moi et la petite. L'étau se resserre autour des Juifs. Bien que Françaises, nous ne serons bientôt plus épargnées. Aldo a disparu. Je sais qu'il se bat pour la France, mais la vie est si dure pour nous. J'ai appris que Roger Scemama a été fait prisonnier. François-Gérard Seligmann a refusé de s'exiler aux États-Unis, il doit se battre, lui aussi, quelque part. À Tunis, nous serons à l'abri, entourées de nos proches. Partons toutes les quatre avant que tout ne nous soit interdit ici… Guido Enriquez, l'oncle d'Aldo, nous hébergera à Marseille jusqu'à ce que nous trouvions un bateau pour Tunis. Venez ! » les supplia-t-elle une dernière fois.

Maya ne pouvait rien contre l'obstination des deux vieilles femmes, rivées à leur fenêtre. Elle devait, malgré ses remords, songer d'abord à sa fille. En larmes, elle serra contre son cœur la boîte en fer blanc emplie de pierres d'ambre que sa tante tenait absolument à lui offrir : « Avec toi, elles retrouveront la Tunisie de leurs origines. » Maya se retira, triste de n'avoir pas pu accomplir la mission confiée par Jeanne, celle de veiller sur sa mère.

Tassée sur son sofa, Hannah espérait distinguer la silhouette chérie parmi celles des jeunes femmes qui déambulaient sur la place Vendôme. Ses nuits, elle les passait à évoquer les yeux myosotis, les boucles brunes, le rire insouciant de Jeanne. Elle éprouvait une envie viscérale de la toucher, de l'embrasser, de la sentir. « Pourquoi une telle souffrance est-elle imposée à un être humain ? » Elle était indifférente aux événements colportés par la radio comme, en juin 1941, l'arrestation de Juifs étrangers et la publication du deuxième « statut des Juifs ».

Hannah se désintéressait de tout et surtout de son propre destin. Entre deux tours de chant de Tino Rossi, elle écoutait les nouvelles sur Radio-Paris, qui commentait les soirées de gala organisées à l'Opéra par les nazis, les voyages officiels de vedettes françaises en Allemagne.

Un froid soir de décembre, Hannah, toujours à sa fenêtre, vit un vieillard frapper à la porte de L'Orientale. Il entra sans attendre de réponse, monta, se trouva devant le boudoir. L'homme chauve, courbé, s'appuyait d'une main sur une canne à pommeau, l'autre, gantée de peau couleur beurre frais, tenant une branche de cattleya. Comme cela semblait incongru dans ce décor poussiéreux, entre deux personnes si décaties ! Il s'avança lentement vers Hannah, lui fit un respectueux baisemain :

« Hannah, me reconnais-tu ? demanda-t-il d'une voix chevrotante.

– Le cattleya, oui… Armand. Le bel Armand de La Fresnaye.

– Hannah ! Ma divine Sultane…

– Assieds-toi. Tu vois, rien n'a changé ici, si ce n'est que le temps a laissé sa marque sur tout. Mais que veux-tu, Armand ? Pourquoi es-tu venu après tant d'années ?

– C'est difficile à dire, chère Hannah. Je t'ai fait beaucoup de mal dans le passé, et ma vie arrive à son terme, je voudrais me racheter. Peut-être pour avoir la conscience tranquille dans l'au-delà. Peut-être tout bonnement parce que je ne t'ai jamais oubliée, toi et ta folie de cloîtrée, toi et ta passion pour l'amour. Ton romanesque… Ton intransigeance aussi !

– Armand, si tu es venu pour agiter toutes ces vieilleries, que je préfère laisser enfouies à jamais, je crois qu'il vaut mieux en rester là. Tu as été l'ombre noire de mon existence, ma plus funeste erreur. Rien ne pourra jamais me rendre ce que j'ai perdu avec toi. Et cette évocation de nos amours anciennes a quelque chose d'obscène entre deux vieillards, ne trouves-tu pas ?

– Je sais, Hannah, je sais ce que notre histoire a été pour toi. Je n'étais pas aussi stupide et vain que tu le croyais, mais il est trop tard pour t'expliquer la complexité des rapports entre hommes et femmes, le jeu qui peut se nouer entre eux. La situation est grave, Hannah, et je veux te sauver. J'ai un neveu bien placé à Vichy…

– Cela ne m'étonne pas, persifla Hannah.

– Pense ce que tu voudras, tu en as le droit. Quoi qu'il en soit, il m'a appris que mille personnalités juives françaises seraient arrêtées demain, à Paris. J'ignore si tu es du nombre, mais je tenais à t'avertir pour t'inciter à fuir. Je te supplie de quitter L'Orientale, ce soir même!

– Merci, Armand. Ta démarche me touche beaucoup. Elle rend mes erreurs de jeunesse plus faciles à porter et corrige un peu mon jugement sur toi. Mais, poursuivit-elle en éclatant en sanglots, je ne puis quitter L'Orientale, j'attends Jeanne, ma fille, qui a suivi l'homme qu'elle aime à Vienne. Je suis sans nouvelles d'elle depuis près de quatre ans ! Rien de plus affreux ne peut m'arriver, l'horreur que je risque de connaître, si grande soit-elle, ne sera rien à côté de ce que j'endure déjà. »

Armand posa affectueusement sa main gantée sur le bras décharné qui tremblait. Hannah fit un effort sur elle-même, sécha ses larmes et l'interrogea :

« Cher Armand, aurais-tu des nouvelles de la fille de mon ami Moïse, Béatrice de Camondo, l'épouse Reinach ?

– Béatrice… La cavalière? Oui, j'ai entendu dire qu'elle monte tous les jours à cheval au bois, en compagnie d'un officier allemand. Son ménage ne marchait pas bien et Léon Reinach aurait quitté Paris pour Pau. Elle, elle est absolument inconsciente du danger! C'est à se demander si, coupée des réalités dans son appartement de Neuilly, elle n'ignore pas les rafles contre les Juifs. Elle se sent protégée. À moins qu'elle ne se croie à l'abri à cause de son frère Nissim, mort pour la patrie, et des généreux dons faits à la France par sa famille. En outre, elle a abjuré la foi juive et elle s'est fait baptiser, comme sa mère jadis. On dit partout qu'elle s'est convertie par sincère conviction religieuse. Je ne sais pas si ses enfants Fanny et Bertrand l'ont imitée.

– Armand, reprit Hannah, bouleversée par ce récit et les souvenirs qu'il faisait ressurgir, peux-tu faire quelque chose pour moi ?

– Tout ce que tu voudras, ma belle Sultane.

– Alors, cours à Neuilly, boulevard Maurice-Barrès, cours prévenir Béatrice du danger ! Supplie-la de ma part de quitter Paris avec ses enfants avant qu'il ne soit trop tard. Trop tard pour nous tous, pour tous les Juifs. »

En juin 1942, Hannah apprit qu'elle devrait porter, comme tous les Juifs résidant en zone occupée, l'étoile jaune sur ses vêtements. Prête à affronter son destin, elle en broda une sur la vieille robe en voile doré que Paul Poiret avait créée pour elle.

Paris, juillet 1942

Hannah errait dans son hôtel en cette nuit du 16 au 17 juillet 1942. Elle descendit à L'Orientale, ouvrit le coffre-fort, dont elle seule connaissait la combinaison, le vida et répandit par terre les liasses de titres et les bijoux inutiles. Elle les brisa, les dispersa aux quatre coins de la pièce, avec une sorte de fureur.

Elle déambula dans les salons qui avaient accueilli l'élite de la société parisienne lors des brillantes réceptions d'avant la Première Guerre. Les toiles d'araignée, tissées de lustre en lustre, formaient une épaisse voilure. Des morceaux de soie, rongés par les rats, pendaient des fauteuils et des sofas poussiéreux. Hannah cria le nom de Jeanne, l'écho lui répondit. Alors, elle se dirigea vers la chambre de son enfant. La jeune fille l'attendait, souriante et radieuse sur une photo signée Harcourt dans un cadre de cristal. Le lit, recouvert de damas vieux rose, était impeccablement fait. Hannah ouvrit l'armoire, enfouit sa tête dans les robes, les serra contre elle.

Elle trouva dans la table de nuit, entourées d'un ruban de satin, les lettres de Carl, expédiées de New York. La chambre conservait le parfum de Jeanne. Hannah prit dans la commode des gants, les huma et les mit à ses mains. Oui, elle garderait ainsi l'odeur de sa fille contre sa peau et la transporterait partout avec elle.

Elle regagna son boudoir et se mit à coudre une étoile jaune sur une robe de crêpe de Jeanne. Elle s'en revêtit avec calme puis s'assit sous le portrait de son père, le caïd Nessim, en Louis XIV.

Au bout d'un certain temps – elle n'aurait pas su dire s'il s'était agi de minutes, d'heures ou de jours –, elle trouva en face d'elle un officier allemand en grande tenue, un de ces hommes de la Wehrmacht. Il claqua des talons et lui fit le salut militaire. Elle ne s'étonnait plus de rien et l'écouta :

« Madame, je vois votre hôtel tous les jours, car je loge en face. J'ai fait des recherches auprès du cadastre parisien et il s'avère – il hésita et elle l'invita du regard à continuer – il s'avère que ce bien ne vous appartient pas. Il ne vous a jamais appartenu et il n'appartient à personne. C'est un bien sans maître et je m'en rendrai acquéreur dès demain. »

Il claqua des talons une seconde fois pour prendre congé. Elle fut alors saisie d'un rire irrépressible et libérateur. Elle sentait la chaleur de la vie revenir dans son corps, transporté soudain dans le jardin de Livourne, quand elle se laissait submerger par la gaieté en écoutant les facéties de son père. Elle distinguait les effluves des eucalyptus, des roses et du jasmin, elle revoyait la tendre Preciosa, sa chambre en bois de rose et, au loin, sertie dans le bleu de la mer, l'île de la Gorgone. Qu'il était bon de rire encore !

Au petit matin, Tina la rejoignit. Elle regarda Hannah et lui fit un non de la tête. Elle refusait de partir et préférait se laisser mourir, seule dans sa chambre italienne. Hannah la comprenait et respectait son choix.

Les deux femmes, soudées depuis tant d'années, se quittèrent sans un regard. Hannah, la Sultane de la place Vendôme, hanta pendant quelques minutes encore son palais aux fresques orientales. Elle laissait derrière elle les salons peuplés des fantômes des beaux jours : Boni de Castellane et Marcel Proust, Sarah Bernhardt et les Camondo, tous disparus, avaient échappé au spectacle d'une société qui sombrait dans la barbarie.

Hannah fut éblouie par la lumière de la rue, qu'elle avait fuie pendant quarante-deux ans, cette lumière aujourd'hui implacable. Ses jambes la portaient à peine, l'air chaud la faisait suffoquer. Elle attendait sans éprouver aucune crainte que son destin s'accomplisse : un car s'arrêta sur la place Vendôme, à l'angle de la rue de la Paix. Quatre hommes en descendirent, ils s'approchèrent d'elle et l'interrogèrent en français :

« Vous êtes Hannah, Hannah… vous devez nous suivre.

– Inutile de chercher mon nom dans votre paperasse, c'est moi, je vous suis, je suis prête. »

Hannah, un chapeau de feutre sur la tête, vêtue d'une robe noire, portait les gants de Jeanne et un sac à main si plat qu'il semblait ne rien contenir. Elle s'éloigna de L'Orientale en boitant comme jamais. Soudain, mue par son instinct, elle se retourna : là-bas, près de la colonne, se tenait Jeanne ! Oui, c'était bien elle qui observait la scène d'un regard horrifié. Le visage ridé de Hannah s'illumina en la voyant : « Ma Jeanne, tu es en vie ! Le nom de ton père t'a protégée, t'a sauvée ! »

De sa main gantée, elle lui fit un signe discret qui signifiait : ne bouge pas, n'avance pas, ne te manifeste pas. Mon cœur est avec toi.

Jeanne restait clouée sur place.

« Man, comme j'ai envie d'être dans tes bras. »

Elle vivait un cauchemar. Aucun son ne sortait de sa gorge. L'étoile jaune brillait sur le revers de la robe noire. C'était une robe à elle que sa mère avait revêtue pour aller vers la mort.

Les gendarmes, après avoir consulté leurs fiches, aidèrent Hannah à monter. Le car était vide, elle en était la première passagère. Elle alla vers la plate-forme arrière pour continuer son dialogue muet avec sa fille retrouvée. Hannah et Jeanne ne se quittaient pas des yeux. L'Orientale pleurait doucement et souriait aussi. Jeanne la vit s'agiter soudain et retirer son gant à la hâte. Elle fouilla dans son sac. Elle écrivit sur sa paume puis l'appuya contre la vitre. Jeanne n'arrivait pas bien à lire, le jour était encore faible. Elle discernait des lettres majuscules tracées avec quelque chose de gras, peut-être un crayon à yeux : P… R… É…

Le moteur ronflait, le véhicule commençait à rouler lentement. Le visage de Hannah était bouleversé, sa fille semblait ne pas distinguer son message. Elle se plaqua contre la paroi du véhicule, sa vieille main toujours étalée. Le jour fusa enfin entre les nuages de ce matin de juillet. Jeanne put lire : « PRÉVIENS-LES ». Hannah se détendit aussitôt et s'éloigna, presque heureuse.

Paris était désert. Paris ne s'éveillait pas encore à cette belle journée d'été, mais une chaleur oppressante s'abattait déjà sur elle. La rue de Rivoli était interminable. Jeanne, qui courait depuis la place Vendôme, avait les pieds en feu à force de marteler le macadam brûlant.

Elle avait compris le message de sa mère, et sans même entrer à L'Orientale, s'était dirigée vers le quartier Saint-Paul. Elle devait avertir les Juifs de l'arrivée de la police. Elle ignorait vers quelle destination était parti le car emportant sa mère. Elle s'en inquiéterait après, une fois sa mission accomplie. De gré ou de force, elle ferait libérer sa mère. Jeanne, qui avait depuis longtemps oublié son appartenance au judaïsme, pensait qu'il ne pouvait s'agir que d'une erreur, d'une bavure de la police. Elle s'engagea dans l'étroite rue des Écouffes. Les volets des petits immeubles étaient encore fermés. Depuis des siècles, le quartier abritait une importante communauté de Juifs, immigrés de Russie, puis de Pologne, d'Allemagne ou d'Autriche.

Jeanne se rappela qu'une ancienne employée de sa mère habitait là. Mais, à quel numéro ? Elle n'avait, de toute manière, pas le choix, elle devait procéder systématiquement. Et vite ! Elle entra dans une maison, grimpa cinq étages, tambourina à une porte. Une femme enceinte, visiblement exténuée, vint ouvrir. Jeanne lui cria, pour alerter en même temps les voisins :

« Partez… Immédiatement… On va tous vous embarquer ! Ils ont pris ma mère ! »

La chemise de nuit de la femme, trempée de sueur, collait à son gros ventre.

« Où voulez-vous que j'aille ? J'ai quatre enfants et mon mari est à Drancy depuis des mois. Ils ne vont pas s'encombrer de nous… Allez prévenir ceux du quatrième, ça peut les intéresser. »

Elle referma la porte. Jeanne hurlait maintenant dans la cage d'escalier :

« Partez ! Partez tous ! Prévenez tout le quartier… »

Elle criait et en même temps craignait de répandre une panique peut-être injustifiée. Elle n'avait pas le temps de s'appesantir sur de tels scrupules. À Vienne, elle avait vu les effets de l'antisémitisme et les méthodes nazies. Mieux valait donner une fausse alerte que de faire risquer la déportation à tous ces pauvres gens. Des hommes mal éveillés, en pyjama, des femmes en peignoir de coton se pressaient autour d'elle, chacun avec son histoire personnelle :

« La rumeur d'une rafle court depuis hier. Nous avons reçu des tracts nous incitant à fuir. Mais où aller ? Ceux qui en avaient les moyens sont déjà partis. Ils ne peuvent pas tous nous prendre. Ils n'auront pas la place. Mon fils est français, nous ne craignons rien. »

Jeanne ne reconnaissait plus sa voix, tant elle était éraillée :

« Ne vous laissez pas emmener ! J'ai vu des choses horribles à Vienne !

– L'Autriche, l'Allemagne, c'est l'étranger. Jamais les Français ne les laisseront nous faire du mal. »

Des voisins les avaient rejoints. La peur et l'angoisse montaient. Des femmes pleuraient, d'autres hurlaient en se lacérant les joues. « Ils vont nous arrêter… Comme à Berlin… Il faut partir ! »

Certains, toujours en tenue de nuit, des enfants à chaque bras, s'éparpillaient dans les étroites ruelles du Marais. Jeanne, en courant, se dirigea vers un autre immeuble. Un jeune homme à papillotes, à peine sorti de l'adolescence, lui lança :

« Je vais de mon côté prévenir des amis, qui iront à leur tour en avertir d'autres. Vous confirmez la rumeur qui court depuis hier. Plusieurs personnes ont reçu des messages d'amis français ! »

Ils prirent des directions opposées. Le soleil brûlait déjà, le quartier devait être presque cerné. Elle n'avait plus le temps d'entrer dans chaque maison. Elle se figea au milieu de la rue et hurla : « Partez, partez… Les Allemands, la police française viennent vous embarquer ! »

Des gendarmes et des agents de police, mousquetons à l'épaule, avançaient… Jeanne, glacée d'horreur, se mit à trembler. Des cris de terreur s'échappaient déjà de plusieurs fenêtres : « Papa ! », « Maman ! », « Ne me frappez pas ! ».

Ils sortaient de chez eux, les mains derrière la tête pour monter dans les cars qui les attendaient.

Jeanne avait échoué, elle n'avait pas accompli le dernier vœu de sa mère. Elle se sentait inutile et seule. Elle s'approcha de la file des véhicules… Des mères poussaient leurs enfants vers cette Française, cette femme sans étoile jaune qui pleurait avec eux : « Sauvez-les, sauvez-les ! »

« On les conduit toujours là-bas ? demanda un policier français à un de ses collègues.

– Oui, toujours au Vél' d'hiv'… Ce sont les ordres. »

Jeanne reprit sa course en se bouchant les oreilles afin de ne plus entendre tomber les corps de ceux qui se jetaient par les fenêtres pour tenter d'échapper à l'horreur.

Elle devait retrouver sa mère, lui expliquer son silence durant ses quatre longues années. Dès qu'elle serait dans ses bras, elle lui raconterait l'arrestation de Carl, le bébé qu'elle attendait avec tant d'amour, le bébé mort de son inquiétude et jeté dans les eaux grises du Danube alors qu'elle tentait de fuir les nazis[1]. Elle promettrait à la Sultane de lui donner d'autres petits-enfants, bientôt... Dès que leur vie reprendrait un cours normal. Oui, elle lui ferait toutes ces promesses et lui crierait son amour.

Jeanne ne souhaitait qu'une chose : se glisser dans le lit à baldaquin, avec sa mère, en turban de lamé, avec son sarouel et sa tunique de Poiret. Admirable et ineffable Sultane ! Jeanne voulait retrouver son parfum, sa tendresse, ses histoires d'un autre monde, d'un autre temps. Comment avait-elle pu vivre de si longues années sans elle ? Elles rattraperaient ensemble le temps perdu. Leur affection mutuelle effacerait les angoisses et les douleurs de ces dernières années.

Le Vélodrome d'hiver résonnait de bruits et de douleur. Les parois de l'énorme enceinte répercutaient sans fin les cris et les lamentations des milliers de Juifs entassés là. Assis sur des gradins. Pelotonnés sur leurs baluchons. Allongés à même le sol.

La puanteur était telle que Jeanne dut faire un effort pour ne pas vomir. Aux odeurs d'excréments et d'urine se mêlaient celles de la sueur et du sang. Au-dehors, le jour se déployait avec insolence, mais à l'intérieur, la verrière – peinte en bleu pour répondre aux mesures de défense passive – jetait un éclairage lunaire et fantasmagorique.

Jeanne, un mouchoir sur le nez, enjambait des corps. Jamais elle ne pourrait retrouver sa mère dans cette effroyable

1. Nine Moati, *La Passagère sans étoile,* Le Seuil, 1989.

cohue. Il n'y avait pas un centimètre de libre, et à intervalles réguliers, toutes les dix minutes environ, les cars déversaient d'autres Juifs arrêtés. Des familles entières. Des enfants, des vieillards, des malades, des femmes sur le point d'accoucher…

L'air était irrespirable, Jeanne allait fondre sous la chaleur de la verrière, sa bouche était sèche et elle était en nage. Des enfants hurlaient : « À boire, maman, j'ai soif… À boire… » Gagnée par cette atmosphère de démence, elle criait aussi : « Maman ! Maman ! » Elle questionnait, sans guère d'espoir :

« Vous n'avez pas vu une vieille femme seule ? »

On haussait les épaules et on désignait, pour toute réponse, la désolation alentour. Une petite fille s'accrochait au garde mobile qui venait de la déposer : « Monsieur, soyez gentil, j'ai bien travaillé à l'école… Ne me laissez pas… » Plus loin, on ligotait sur un brancard une femme hystérique qui hurlait : « Donne-moi du lait pour mon bébé ! » Jeanne avançait. Elle ne pouvait s'attendrir sur chaque cas. Des mains s'agrippaient à ses jambes : « Pitié pour mes enfants. Prenez-les, je vous les donne. Vous n'avez pas d'étoile jaune, prenez mes enfants ! » Une autre essayait d'étancher, avec de vieux chiffons, le sang qui coulait entre ses jambes. Des enfants s'emparaient de boîtes de conserve vides. Ils se coupaient les lèvres en y cherchant inutilement un reste de nourriture. Ils tendaient leurs mains vers Jeanne : « À boire… À boire. » La puanteur ne cessait d'augmenter. De grosses gouttes de pluie s'écrasaient une à une sur la verrière. L'orage n'arrivait pas à crever le ciel coupable de Paris.

Jeanne escaladait les corps. Elle refaisait, une fois de plus, le tour de l'enceinte. Il lui semblait être là depuis une éternité. C'était une insupportable torture de savoir sa mère certainement tout près d'elle et de ne pas la trouver. À chacun de ses passages, elle croisait de nouveaux visages, de nouvelles situations désespérées. Elle se dirigea vers la longue file d'attente devant les toilettes, dans l'espoir d'y découvrir Hannah. Des centaines de femmes faisaient la queue. Certaines depuis des heures : « Il y a dix cabinets ! Et ils sont bouchés… Ils débordent… Ils vont nous inonder… Nous allons mourir parmi les immondices. »

Comment sa mère pourrait-elle survivre à cet enfer, elle qui n'avait pas quitté son palais depuis quarante-deux ans, elle qui était habituée au luxe, à L'Heure bleue, aux douces étoffes des grands couturiers de Paris ? Jeanne ne savait plus où chercher. Elle pleurait sur son statut sécurisant de passagère sans étoile. Sur son soulagement, presque indécent, de savoir qu'elle quitterait bientôt cette fournaise pour respirer librement l'air de Paris.

Des cris… Elle refuse d'entendre cette femme rendue folle par la mort de son bébé. Elle s'attrape le ventre et s'arc-boute pour vomir, en public. Aucune importance. Autour d'elle, on défèque, on urine, on pleure de honte.

Elle aperçoit au loin des ouvriers de l'usine Citroën, toute proche, lancer du pain à des enfants.

Plus aucune lumière à l'extérieur. La nuit était tombée. Jeanne n'avait toujours pas retrouvé sa mère. Elle ne distinguait plus aucun visage. Bientôt, les haut-parleurs l'avaient annoncé, on fermerait les portes. Tout comme la poignée de secouristes présents, Jeanne devrait partir. Mais elle reviendrait le lendemain, les bras chargés de victuailles. Elle poursuivrait ses recherches désespérées. Sa mère allait passer la nuit avec ces milliers de gens, enfermée dans cette fournaise, dans cette puanteur effroyable.

1938-1942

Jeanne suivit la piste de bois jusqu'à la sortie, honteuse de sa liberté, coupable de ne pas être considérée comme Juive.

Aussi loin qu'elle le put, Hannah suivit sa fille du regard. Dissimulée par d'autres groupes, elle était restée tapie quand Jeanne était passée tout près d'elle. À présent, la jeune femme s'éloignait, libre, saine et sauve. Hannah était rassurée.

Drancy, juillet 1942

Un sourire aux lèvres, Hannah avançait dans la grande cour carrée cernée de barbelés et de miradors. La foule des femmes et des enfants, une étoile jaune au revers de leur vêtement, la poussait vers le quatrième étage du bâtiment. Dans sa chambrée, des paillasses maculées de traces d'excréments et de sang. Elle s'en fichait. Jeanne, sa Jeanne, était vivante, c'était l'essentiel. Elle avait lu toute la tendresse et aussi toute la détresse du monde dans son dernier regard.

Hannah pensa à Tina qui avait refusé de quitter L'Orientale… Elle la comprenait, comme elle comprenait ces femmes qui se jetaient par la fenêtre avec leurs enfants. Elle, elle survivait, sans trop bien savoir pourquoi, peut-être dans l'espoir de revoir sa fille encore vivante une fois… Indifférente aux sanglots des mères, aux enfants qui hurlaient «*pitchipoï*», ce mot inventé qui résumait toute la misère de leur état, indifférente à son propre sort, elle attendait son heure dans la puanteur des déjections et des vomissures.

Hannah se retourna sur sa paillasse, contre le mur sale où une main enfantine avait tracé, sans doute du bout de l'ongle, des prénoms : Sarah... Toto... Poupi... Elle était étrangère aux bruits, aux cris des enfants, aux pleurs des bébés qui l'entouraient, aux gémissements de leurs mères. Elle était arrivée, elle en était certaine, au bout de son chemin. Parfois, elle ne pouvait réprimer un étrange sourire qui barrait son visage et étonnait ses voisines. Plus rien ne pouvait lui arriver maintenant, elle avait accompli son destin, son *mektoub*, comme aurait dit son père. Avec l'âge, elle y pensait de plus en plus, et n'était la situation dans laquelle elle se trouvait, elle aurait encore ri de sa folie des grandeurs, de sa soif de reconnaissance et de son pompeux mausolée familial, alors qu'elle ignorait même si elle aurait une sépulture...

Tous ses membres la faisaient souffrir, mais elle refusait de s'apitoyer sur elle-même. Ce qui l'ennuyait le plus, c'était l'odeur nauséabonde qu'elle devait dégager. Mais les femmes qui l'entouraient avaient de semblables problèmes, aggravés sans doute encore par la venue de leurs règles.

Une nouvelle famille s'installait – Hannah surveillait tous les bruits près de sa couche – à la place des Kahn, partis hier, avec tant d'autres... À quoi pouvaient-ils ressembler, ceux-là ? Elle se retourna, poussée par la curiosité. Une femme élégante, encore en tenue de cavalière, était entourée de deux jeunes gens d'une vingtaine d'années. Quelle tristesse se lisait sur leurs visages ! « S'approcher ainsi de la mort à l'âge où ils auraient dû découvrir la vie et l'amour est indécent », pensa Hannah. Les traits de leur mère provoquaient en elle une curieuse impression de déjà vu. Ce menton en galoche qui avançait de manière autoritaire comme s'il allait aboyer des ordres, ce visage sec et maigre, ces yeux rapprochés et surtout ce costume d'écuyère... Hannah réalisa soudain qu'elle avait près d'elle Béatrice de Camondo et ses enfants. Comment étaient-ils arrivés à Drancy ? Armand les avait-il avertis, comme elle le lui avait demandé ?

Hannah préféra rester silencieuse. Toutes les questions qui se pressaient dans sa tête étaient désormais bien inutiles. Dans son cœur, elle plaignait Béatrice qui n'avait pu épargner ce calvaire à ses enfants. Elle songea au curieux destin qui, une dernière fois, réunissait les Camondo et les Scemama.

Revoir Béatrice en de pareilles circonstances lui révélait crûment leurs ressemblances : elles avaient été des femmes courtisées, immensément riches, jouissant d'une position sociale élevée, mais rien de tout cela n'avait pu les protéger de l'injustice réservée à leur condition de juives qu'elles-mêmes avaient niée avec violence pour Béatrice, avec désinvolture pour Hannah.

Malgré la compassion qu'elle éprouvait pour sa voisine, Hannah préférait ne pas se manifester. L'aurait-elle seulement reconnue, pauvre loque sur sa paillasse rongée par la vermine, elle, la prétendue propriétaire du magnifique hôtel de la place Vendôme qui avait tant fait rêver les femmes Camondo ?

Devait-elle lui raconter en riant qu'en réalité, d'après un officier nazi, ce palais n'appartenait à personne ? Les deux grandes familles séfarades s'étaient disputées pendant un siècle pour du vent ! Un bien sans maître !

Hannah voyait ses souvenirs défiler : les travaux qui avaient transformé ce bel édifice classique en une folie des *Mille et Une Nuits*, l'éblouissante réception donnée en l'honneur de

John Lewis, l'étrange fête pour le vingtième anniversaire de Jeanne, les soirées au coin du feu avec ses amis Camondo, le jeune Nissim au crâne fracassé, le départ de sa fille…

Elle ne désirait plus partager ces réminiscences d'un autre monde, aussi se retourna-t-elle de nouveau contre le mur.

Deux jours plus tard, au milieu des cris, elle entendit son nom hurlé par un policier français : « Hannah Scemama ! »

Elle enfila ses chaussures avec difficulté. Sa robe, la robe de Jeanne, n'avait plus de forme. Ses vieux os recommençaient à la faire souffrir.

Bertrand Reinach l'aida à se lever. Elle en eut les larmes aux yeux tant elle trouva qu'il ressemblait à son oncle Nissim, mort si jeune pour la France.

Béatrice, une croix en or autour du cou, une étoile jaune au revers de sa veste de cavalière, s'approcha d'elle et l'entoura de ses bras : « Madame… Madame… chère Sultane… »

Hannah lui offrit un semblant de sourire et posa sa main gantée sur les têtes de Bertrand et de sa sœur Fanny, comme pour les bénir.

Elle partit en boitant, mais sans trembler, vers son destin.

Hannah la Sultane n'arriva même pas à Auschwitz, elle mourut d'épuisement, étouffée dans le wagon qui l'y emmenait.

Fanny et Bertrand Reinach périrent à Auschwitz en 1943 et 1944. Leur mère, Béatrice de Camondo, subit le même sort au début de janvier 1945.

Jeanne survécut à l'enfer. Elle devint avocate, défenseur des Droits de l'homme, et s'occupa de deux orphelins échappés du Vél' d'hiv'. Elle n'habita jamais l'hôtel de la place Vendôme qui avait attiré tant de convoitises. Il devint le siège d'une banque.

Roger Scemama, prisonnier de guerre, fut libéré en 1945. À dater de ce jour, il entama une brillante carrière de bijoutier fantaisie auprès de Jacques Fath, Balenciaga et Christian Dior. Il réalisa pour Yves Saint Laurent le collier-broche en forme de cœur qui inaugura le premier défilé du jeune couturier, en janvier 1962, et qui devint le symbole de la maison. Roger Scemama mourut en 1970.

François-Gérard Seligmann se distingua dans la Résistance, où il connut celle qui allait devenir sa femme : Françoise Jullien-Beddoukh. Françoise Seligmann, devenue sénateur socialiste, fit don de la collection de peintures de son mari au musée Carnavalet. Une soirée au Pré-Catelan *du peintre Henri Gervex est une des plus belles pièces de cette donation.*

Plus tard, Maya légua à sa fille les pierres d'ambre beylicales offertes par sa cousine Hannah.

Elle les conserva toujours et, prise de passion pour les bijoux, les monta en sautoirs. Le jour de la fermeture de la maison de couture Yves Saint Laurent, au début des années 2000, elle réussit à obtenir le fameux cœur baroque de cristal rouge entouré de strass et de perles blanches et grises, créé par son lointain parent, et peut-être imaginé par la Sultane de Paris.

Achevé d'imprimer en avril 2006
sur les presses du

Groupe Horizon

Parc d'activités de la plaine de Jouques
200, avenue de Coulin
13420 Gémenos – FRANCE

pour le compte des Éditions Ramsay

Imprimé en France

Dépot légal : avril 2006
N° d'impression : 0601-094
ISBN : 284-114-790-8